事例解説

未成年後見実務

相原 佳子
石坂 浩 [編]

日本加除出版株式会社

は じ め に

　近時，少子化の流れが加速していることは広く知られたところですが，子どもに関する問題は増加傾向にあります。例えば，児童虐待の相談件数は厚生労働省の統計では平成11年に約1万2000件であったのが，平成28年で約12万件と約10倍になっています。また，裁判所で取り扱う民事事件数が減少傾向にあるにもかかわらず，子どもに関する家庭裁判所の取扱い事件の数は増加しています。

　児童虐待に関する著しい相談件数の増加に関しては，児童虐待に対する社会の関心が高まったこと，身体的虐待等の他に新たに心理的虐待も対象とされたこと，警察官から児童相談所への通告が増加したこと等によると指摘されていますが，核家族化や地域社会の機能の変化により，少なくない子ども達が適切な養育を受けることができていない，つまり，権利擁護が不十分な事実があることも否定できません。

　また，一方で，子どもの権利に関する捉え方にも大きな変化が認められ，子どもたちを権利の主体として，つまり，自らが健全に養育される権利を有するという子どもの権利条約の視点が重要になっています。

　このような時代の変化の中で，民法において親権者の内容に関する改正がなされたり，特別養子制度や里親制度の利用促進が求められたりしていますが，本来，親権者制度を補完して子どもを守るための制度である未成年後見制度は一般の方の関心も薄く，必要な案件において適切に利用されているとは言えません。また，その業務である財産管理及び身上監護に関しても成年後見に比して業務の履行状況について十分な検証はなされてはいないのです。

　そこで，本書は，子どもを守る制度としての未成年後見制度について法律の解説をすることからはじめ，未成年後見には多様な形態があることから，できるだけ多くの具体的な事案をご紹介するとともに，可能な限り，今後の問題点の指摘等を試みました。

　近時，未成年後見人として弁護士等の専門職が必要とされる事案も増加していることもあり，本書が，専門職等の業務を支援できれば幸いであるとと

i

もに，親族の方で未成年後見人になられた方にも，未成年後見制度についての基本的な考え方をご理解いただくための一助となることを願っています。

最後に，本書の刊行に当たって，多大なご尽力をいただきました日本加除出版株式会社編集部の森田香菜子さんには心から感謝の意を表します。

平成30年11月

第一東京弁護士会　弁護士　相　原　佳　子　
同　　　　　　　　弁護士　石　坂　　浩　

凡　例

凡　例

文中に掲げる法令・判例・文献等については次の略記とする。

〔法　令〕

旧民法	→	平成23年改正前民法
旧児童福祉法	→	平成30年改正前児童福祉法
児童虐待防止法	→	児童虐待防止等に関する法律
預金者保護法	→	偽造カード等及び盗難カード等を用いて行われる不正な機械式預貯金払戻し等からの預貯金者の保護等に関する法律

〔判　例〕

最一小決平成20年2月18日刑集62巻2号37頁
→　最高裁判所第一小法廷平成20年2月18日決定最高裁判所刑事判例集第62巻第2号37頁
広島高岡山支判平成23年8月25日判タ1376号164頁
→　広島高等裁判所岡山支部平成23年8月25日判決判例タイムズ第1376号164頁
東京家審昭和39年12月14日家月17巻4号55頁
→　東京家庭裁判所昭和39年12月14日審判家庭裁判月報第17巻第4号55頁

〔判例集，雑誌〕

大民集	→	大審院民事判例集
民集	→	最高裁判所民事判例集
民録	→	大審院民事判決録
裁判集民	→	最高裁判所裁判集民事
刑集	→	最高裁判所刑事判例集
家月	→	家庭裁判月報
家判	→	家庭の法と裁判
判時	→	判例時報
判タ	→	判例タイムズ

iii

目　次

第1編　総　論

第1章　子どもに関する法規 ——————————— 3

第1　はじめに ……………………………………………… 3

1 未成年者 ………………………………………………… 3

2 未成年後見制度 ………………………………………… 4

第2　子ども（未成年者）に関する法規について ………… 4

1 児童の権利に関する条約 ……………………………… 4

2 憲法等 …………………………………………………… 5

3 民　法 …………………………………………………… 5

4 家事事件手続法 ………………………………………… 6

5 児童に関する福祉法 …………………………………… 7

第3　平成23年の民法改正，児童福祉法改正の概要 ……… 7

1 改正の目的 ……………………………………………… 7

2 親権制度等に関する見直しについて ………………… 8

(1) 親権者の権利義務に関する規定の見直し ………… 8

(2) 親権喪失原因の見直し ……………………………… 8

(3) 親権の停止制度の創設 ……………………………… 9

(4) 親権喪失等の申立権者 ……………………………… 9

3 複数の未成年後見人，法人の未成年後見人の許容 ……… 9

4 児童福祉施設長の権限の強化 ………………………… 10

(1) 児童福祉施設長に関する規定 …………………… 10

(2) 施設長等の権限と親権との関係の調整 ………… 10

(3) 児童相談所長による親権代行 …………………… 11

(4) その後の児童福祉法改正（平成28年児童福祉法改正）……… 11

v

5 その他（子の利益の観点の明確化，面会交流等の規定等）········ *11*

  ⑴ 懲戒における子の利益の観点の明確化····························· *11*

  ⑵ 離婚後の子の監護に関する事項の定め（面会交流の例示

    等）·· *12*

第2章　未成年後見制度 ——————————— *13*

第1　未成年後見人とは ··· *13*

第2　未成年後見人の選任 ·· *14*

1 遺言による選任規定（指定後見人）····························· *14*

2 家庭裁判所による選任（選定後見人）························· *14*

3 未成年後見人の欠格事由等 ··· *14*

第3　未成年後見監督人 ··· *15*

1 遺言による選任規定 ··· *15*

2 家庭裁判所による選任 ··· *16*

3 未成年後見監督人の欠格事由，業務等························· *16*

第3章　未成年後見人の権利義務 —————— *18*

第1　未成年後見人の権利義務 ·· *18*

1 概　要 ··· *18*

2 監護教育 ·· *19*

3 居所の指定 ··· *20*

4 懲戒権 ··· *20*

5 職業許可権 ··· *21*

6 身分上の代理権 ·· *21*

7 財産管理に関する権利義務 ·· *22*

  ⑴ 財産の管理・代表 ·· *22*

  ⑵ 親権者との比較 ··· *22*

  ⑶ 利益相反行為 ·· *23*

  ⑷ 特別代理人 ··· *25*

8 医療同意 ·· *26*

（1）　未成年者に関する医療同意 ………………………………… *26*

（2）　未成年後見人の医療同意 …………………………………… *27*

（3）　親権と医療同意 ……………………………………………… *28*

第2　親権者と未成年後見人の違い ………………………………… *28*

第4章　未成年後見事件の動向 ————————— *30*

第5章　未成年後見の実務 ————————————— *32*

第1　未成年後見人選任手続 …………………………………………… *32*

1 未成年後見の開始と申立て ……………………………………… *32*

2 申立準備 …………………………………………………………… *33*

3 選任手続 …………………………………………………………… *33*

4 選任後の流れ ……………………………………………………… *35*

第2　未成年後見人の家庭裁判所への報告義務 …………………… *35*

1 財産目録の提出 …………………………………………………… *35*

（1）　未成年後見申立時 …………………………………………… *36*

（2）　未成年後見人選任がなされた段階 ………………………… *36*

（3）　初回報告以降 ………………………………………………… *37*

（4）　その他 ………………………………………………………… *37*

2 不適切な財産管理に対するペナルティ ………………………… *38*

第3　後見制度支援信託 ……………………………………………… *38*

第4　未成年後見人と戸籍 …………………………………………… *40*

第5　未成年後見人の報酬 …………………………………………… *40*

第6　専門職が未成年後見人に就任することの意義 ……………… *41*

第6章　監護教育の委託 ————————————— *43*

第1　第三者への監護教育委託 ……………………………………… *43*

第2　監護委託契約の解消 …………………………………………… *44*

vii

第7章　未成年養子制度 —————————————— 45

第1　未成年養子制度の種類 ·································· 45

第2　普通養子縁組と特別養子縁組の相違点 ················· 46

1 目的規定 ··· 46

2 実親との関係性 ··· 46

3 養子・養親の条件 ······································· 46

4 離　縁 ··· 47

第3　日本の養子制度の問題点 ···························· 47

第8章　里親制度 ——————————————————— 48

第1　未成年後見制度と里親制度 ·························· 48

第2　里親の種類と現状 ································· 48

第3　ファミリーホーム ································· 49

第4　里親推進の取組 ··································· 49

第9章　未成年者に関わる組織や制度 ——————— 51

第1　家庭裁判所 ··· 51

第2　児童相談所 ··· 51

第3　児童養護施設 ······································· 52

第4　子ども家庭支援センター・要保護児童対策地域協議会 ············· 53

第10章　民法成年年齢改正 ————————————— 55

第1　18歳成年 ··· 55

第2　民法改正の意義 ····································· 55

第3　財産管理 ··· 56

第4　身上監護（未成年者の自立） ························· 57

第5　若者の保護 ··· 57

viii

目　次

第2編　事例解説

I　未成年後見制度とは —————————————— *61*

1 申立手続（典型事例）·····································*61*

1　未成年後見制度が適用される場面·····················*61*

(1)　親権を行う者がないとき·····························*62*

(2)　親権を行う者が管理権を有しないとき·············*63*

2　審判申立ての端緒···································*64*

(1)　親権者死亡の場合·································*64*

(2)　親権の喪失・停止の場合···························*65*

① 親権の喪失·······································*65*

② 親権の停止·······································*65*

③ 審判前の保全処分·································*66*

3　遺言による未成年後見人の指定·····················*66*

4　申立人···*67*

(1)　申立権者···*67*

(2)　申立義務者·······································*68*

5　費用の援助···*68*

(1)　日本司法支援センター（法テラス）···············*68*

(2)　未成年後見人支援事業·····························*69*

6　未成年後見人選任の審判の効力·····················*69*

2 申立手続（児童福祉）·····································*71*

1　親権の喪失・停止···································*71*

2　児童相談所・児童養護施設·························*72*

(1)　児童相談所·······································*72*

(2)　児童養護施設·····································*72*

(3)　未成年後見人選任の審判申立て·····················*73*

(4)　親権代行···*74*

3　要保護児童の自立支援制度·························*74*

ix

(1) 未成年後見による自立支援······················74

(2) 児童養護施設退所者等に対する自立支援資金貸付·········75

(3) その他（各自治体・民間団体等による支援）···········75

(4) 民法成年年齢改正·····························75

3 選任手続···77

1 申立手続···77

(1) 管轄裁判所·····································77

(2) 申立書類·····································78

2 家庭裁判所による調査·······························78

(1) 未成年後見申立人・未成年後見人候補者調査（面接）······78

(2) 未成年者調査（面接）···························78

(3) 親族への照会·································79

3 未成年後見人の選任·······························79

(1) 未成年後見人の適格性························79

(2) 未成年後見人選任の考慮要素···················80

4 未成年後見人の証明·······························80

(1) 戸籍の記載事項·····························80

(2) 後見人の証明·······························81

5 複数選任と法人後見·······························82

(1) 平成23年の民法改正·························82

(2) 権限分掌·····································82

4 未成年後見監督人·································84

1 未成年後見監督人の指定・選任···················84

(1) 未成年後見監督人の必要性···················84

(2) 未成年後見監督人選任の審判···················85

(3) 未成年後見監督人の職務·····················85

2 未成年後見監督人の選任・職責···················85

3 未成年後見監督人の財産管理···················86

4 後見監督人の同意を要する行為···················87

5 利益相反行為の代理·······························87

目　次

Ⅱ　財産管理 ———————————————————— 88

1 報告書・財産目録 ···································· 88

1　審判の効力 ·· 88

 (1)　効力の発生時期 ·································· 88

 (2)　審判の効力 ······································ 88

 (3)　戸籍の記載 ······································ 89

2　選任後の手続 ·· 90

3　初回報告書・財産目録・年間収支予定表 ·········· 91

 (1)　初回報告書 ······································ 91

 (2)　財産目録 ·· 92

  ①　預貯金・現金 ································ 92

  ②　有価証券 ···································· 92

  ③　不動産 ······································ 92

  ④　保険契約 ···································· 92

  ⑤　その他の資産 ································ 92

  ⑥　負　債 ······································ 92

 (3)　年間収支予定 ···································· 95

  ①　未成年者の収入 ······························ 95

  ②　未成年者の支出 ······························ 96

  ③　収支が赤字となる場合 ························ 96

4　初回調査事項 ·· 98

 (1)　銀行預金管理 ···································· 98

 (2)　出納管理（収入・支出） ·························· 99

 (3)　負債管理 ·· 99

 (4)　相続の有無 ······································ 99

 (5)　申立時からの変動 ································ 100

2 預　金 ·· 101

1　日常生活費，同居者との調整 ························ 101

2　預金の管理 ·· 102

xi

(1)　金融機関への手続 ································· *102*

　　(2)　未成年者との関係 ··························· *103*

　3　後見制度支援信託 ······························· *104*

3 保　険 ··· *106*

　1　未成年者の保険金受領権限················· *106*

　2　保険金と未成年後見監督人 ················· *107*

　3　簡易保険と生命保険・損害保険 ············· *107*

　4　保険金の受領・管理方法 ····················· *109*

　　(1)　受領手続 ································· *109*

　　(2)　管理（預金管理の原則）··············· *110*

　5　相続と保険金（税務）························· *111*

4 相続手続 ··· *113*

　1　未成年後見人と相続（遺産分割協議）········· *113*

　　(1)　実父母と未成年者 ······················· *113*

　　(2)　遺産分割協議 ··························· *114*

　2　法定相続分の確保 ····························· *115*

　3　相続財産に関する留意点 ····················· *116*

　　(1)　積極財産 ································· *116*

　　(2)　負　債 ································· *117*

　4　相続税申告（期限）··························· *119*

5 利益相反 ··· *121*

　1　未成年者と親族の利益相反 ··················· *121*

　2　特別代理人制度 ······························· *122*

　3　相続と未成年後見 ····························· *123*

　4　未成年後見監督人 ····························· *124*

　5　その他の利益相反 ····························· *124*

　　(1)　未成年者の財産処分（贈与）············· *125*

　　(2)　未成年者の保証行為 ····················· *126*

目　次

Ⅲ　身上監護 ——————————————— 127

1 範　囲 127

1　未成年後見人選任に際しての親族間調整 127

2　児童福祉施設での身上監護 129

3　未成年者と同居する親族の監護権 131

4　未成年者の居住地指定 132

2 進学・就職 133

1　未成年者と生活保護（貧困問題） 133

2　生活保護費と学費（奨学金制度） 134

3　身上監護の範囲 136

4　未成年者の就業（労働契約） 137

3 身分変更（養子） 138

1　養子縁組制度 138

(1)　普通養子・特別養子 139

(2)　未成年後見と養子縁組 139

2　未成年者の養子縁組 140

3　未成年後見人との養子縁組 140

4　未成年者の養子縁組の許可基準 141

5　各事例の場合 141

4 他機関との連携 143

1　未成年者に対する監督責任（親族・非監護者） 143

2　少年事件 144

3　関係機関（更生保護・発達支援） 146

4　未成年者と障害 148

5 医療同意 150

1　医療ネグレクト 150

(1)　医療行為 150

(2)　医療ネグレクト 151

(3)　医療ネグレクトと通告義務 152

xiii

（4）　医療同意のための手続 ……………………………………… 153

　　　　①　親権停止又は喪失と未成年後見人選任 ……………… 153

　　　　②　親権停止又は喪失の審判と審判前の保全処分………… 153

　　　　③　児童相談所長による同意………………………………… 153

　　2　親権の一時停止 ………………………………………………… 154

　　3　未成年後見人の身上監護の範囲と医療同意 ………………… 155

　　4　緊急時の対応（病院側とのやり取り）……………………… 156

6 複数後見・親族間対立 ………………………………………… 158

　　1　複数後見 ………………………………………………………… 158

　　2　権限分掌の実務 ………………………………………………… 159

　　3　後見制度支援信託の活用 ……………………………………… 161

Ⅳ　終　結 ———————————————————————————— 162

1 終了手続 ……………………………………………………………… 162

　　1　未成年後見の終了事由 ………………………………………… 162

　　2　成人後の未成年後見人の手続 ………………………………… 162

　　3　財産管理移行手続 ……………………………………………… 163

2 辞　任 ……………………………………………………………… 165

　　1　養親の死亡と親権者の地位 …………………………………… 165

　　2　死後離縁手続・再度の養子縁組 ……………………………… 166

　　3　辞任事由・再選任 ……………………………………………… 167

3 解　任 ……………………………………………………………… 170

　　1　はじめに ………………………………………………………… 170

　　2　追加選任 ………………………………………………………… 171

　　3　解　任 …………………………………………………………… 172

　　（1）　解任の請求 ………………………………………………… 172

　　（2）　職権による解任 …………………………………………… 172

　　（3）　解任事件の審判 …………………………………………… 172

　　（4）　保全処分 …………………………………………………… 173

　　4　未成年後見人の責任 …………………………………………… 173

　　　　(1)　民事上の責任 ·· *173*

　　　　(2)　刑事上の責任 ·· *173*

　4 婚姻による成年擬制 ·· *174*

　　1　児童福祉施設退所時の未成年後見人選任 ······························ *174*

　　　　(1)　児童年齢（18歳未満）超過 ·· *174*

　　　　(2)　保証契約 ··· *176*

　　2　婚姻に関する同意 ··· *177*

　　3　婚姻による成年擬制 ·· *178*

　　　　(1)　未成年後見の終了 ·· *178*

　　　　(2)　終了時の手続 ·· *178*

　　　　　①　家庭裁判所への報告（東京家庭裁判所の例） ············· *178*

　　　　　②　戸籍の届出 ·· *178*

　　　　　③　財産の引継ぎ ··· *179*

　　　　　④　その他 ··· *179*

　　4　婚姻による成年擬制後の離婚 ·· *179*

　　5　民法成年年齢改正 ··· *180*

　　6　公的諸手続 ··· *180*

Ⅴ　その他 ———————————————————————— *182*

1 未成年者との対立 ·· *182*

　　1　就業未成年者への財産管理・身上監護の範囲 ······················· *182*

　　　　(1)　財産管理 ··· *183*

　　　　(2)　身上監護 ··· *184*

　　　　(3)　家庭裁判所への報告 ·· *186*

　　2　拒絶への対応 ··· *186*

　　3　財産目録・収支予定（報告書） ··· *187*

　　4　未成年者への監督義務 ·· *188*

2 第三者に対する責任 ·· *190*

　　1　未成年者への監督責任 ·· *190*

　　　　(1)　責任能力 ··· *190*

xv

(2)	監督責任 ………………………………………………………	*191*
(3)	監督義務者 ……………………………………………………	*191*
2	未成年者の自転車事故 …………………………………………	*192*
(1)	自転車事故 ……………………………………………………	*192*
(2)	事故責任 ………………………………………………………	*192*
(3)	親権者の責任 …………………………………………………	*193*
(4)	未成年後見人の責任 …………………………………………	*193*
3	本事例について …………………………………………………	*193*

3 財産管理トラブル ………………………………………………… *195*

1	未成年後見人の財産管理調査 …………………………………	*195*
2	同居する未成年後見人による財産費消 ………………………	*196*
3	親族後見人に対する責任追及 …………………………………	*197*
4	未成年者の財産管理（概説）……………………………………	*197*

4 家庭裁判所との関係（各種報告書）………………………………… *199*

1	家庭裁判所への報告 ……………………………………………	*199*
2	未成年後見人による定期報告 …………………………………	*200*
(1)	1回目の定期報告 ……………………………………………	*200*
(2)	2回目の定期報告 ……………………………………………	*200*
3	未成年後見人による臨時報告 …………………………………	*200*
4	親族間の対立 ……………………………………………………	*201*

5 報酬請求 …………………………………………………………… *203*

1	未成年後見報酬（審判）………………………………………	*203*
2	未成年後見人支援事業（報酬助成制度）……………………	*204*
(1)	未成年後見人支援事業における報酬助成制度…………	*204*
(2)	対象案件 ……………………………………………………	*205*
(3)	報酬助成の申請 ……………………………………………	*205*
(4)	未成年後見人支援事業の拡大 …………………………	*207*
3	障害児童への援助制度 …………………………………………	*207*
(1)	児童福祉法による障害児童への援助 …………………	*207*
①	児童発達支援 …………………………………………	*208*

xvi

目　次

　　　②　放課後等デイサービス………………………………… *208*

　　　③　保育所等訪問支援 ……………………………………… *208*

　　　④　居宅訪問型児童発達支援…………………………… *208*

　　　⑤　障害児入所支援 ………………………………………… *209*

　　(2)　児童自立生活援助 …………………………………………… *209*

　　(3)　療育手帳制度 ………………………………………………… *209*

　4　報酬が回収できないケース ……………………………… *210*

6 未成年後見人の具体的業務……………………………… *212*

　1　里親制度について ……………………………………………… *213*

　2　遺族年金の受給 ………………………………………………… *213*

　3　医療行為の同意 ………………………………………………… *215*

　4　その他（結び）………………………………………………… *215*

xvii

第1編
総　論

第1章　子どもに関する法規

第2章　未成年後見制度

第3章　未成年後見人の権利義務

第4章　未成年後見事件の動向

第5章　未成年後見の実務

第6章　監護教育の委託

第7章　未成年養子制度

第8章　里親制度

第9章　未成年者に関わる組織や制度

第10章　民法成年年齢改正

第1章　子どもに関する法規

第**1**章

子どもに関する法規

第**1** はじめに

1 未成年者

　民法は20歳をもって成年とすると定めるとともに，20歳に満たない者が法律行為をするには，その法定代理人の同意を得なければならないと規定している（民法4条，5条1項）。全ての自然人は，権利義務の主体となる地位・資格（権利能力）を持つが，これを具体化し，現実に権利義務の主体となるには，各人の行為を媒介にするのが普通であるが，成年に達しない者については，未だ成熟しておらず，無制限に権利義務を取得させることは，その保護に欠けると考えられることに基づく。そして，民法は未成年者及び成人であっても精神上の障害により事理を弁識する能力を欠く常況にある者については成年被後見人（民法8条，9条）として，行為無能力者と定め，これらの者が単独で行った一定の法律行為は取り消して遡及的に無効となし得ると定めているのである。

　なお，「行為無能力者」という言葉の通りに，それぞれの行為が無能力という意味ではなく，保護すべき対象であるという趣旨から一定の制限を受けていることに留意されるべきである（谷口知平＝石田喜久夫編『新版 注釈民法(1)総則(1)［改訂版］【復刻版】』（有斐閣，2012）244頁〔高梨公之〕）。

　なお，民法が成年年齢を満20年と定めたのは，太政官布告41号（明治9年4月1日）から同様に定めていたことに倣ったものとされるが，成人年齢を20歳とすべきかどうかは，法政策の問題であり，今般平成34（2022）年4月から成人年齢を18歳とする旨の民法改正がなされた。

　これは，多数の国において満18歳が成年年齢とされていることもその根拠

3

の1つとなっている（谷口知平＝石田喜久夫編『新版 注釈民法(1)総則(1) ［改訂版］【復刻版】』（有斐閣，2012）249頁〔高梨公之〕）。

2 未成年後見制度

　未成年者に関しては，行為無能力者であり，法律行為をするには法定代理人が取り消すことができる旨が規定されていることは前述の通りである。そして，通常は両親（離婚した後には一方の親）が親権者として，法定代理人となるが，親権者が不在の場合，若しくは事実上親権の行使が困難な場合に未成年後見が開始することを民法は定める（民法838条）。

　ところで，かような民法による未成年者の保護制度であるが，親権者が不在や，事実上親権の行使が困難であっても，未成年後見人が選任されていないケースが大半である。

　その理由については詳しく後述するが，少子化と言われながら子どもが適切な保護を受けていないことも多く認められる現代において，適切な制度である未成年後見人制度は周知されておらず，また，実際の選任手続や運用についての紹介・解説等は十分ではないと言わざるを得ない。

　本書は，未成年者（子ども）の権利擁護の視点から，未成年後見人制度に関連する法律や必要に応じて関連する福祉制度を紹介し，第1編で総論として全体像を示すとともに，第2編で事例解説として具体的事案に沿って，実際の実務を多角的に解説するものである。

第2 子ども（未成年者）に関する法規について

1 児童の権利に関する条約

　未成年者である子どもにも原則として基本的人権が保障される。しかし，発達途上にある子どもは，諸種の能力が未だ十分とは認められないために，これまで保護や管理の対象としてのみ考えられることが多く，権利行使の主体としては十分に認識されていなかった。この権利行使の主体という観点を明確に打ち出したのが「児童の権利に関する条約」（以下，「子どもの権利条

第1章　子どもに関する法規

約」と言う）である。

　子どもの権利条約は，児童に対する国の義務を規定する拘束力のある国際
条約であり，日本は平成6年に批准するに至った。本書において検討する未
成年後見制度は，子どもの権利条約が締結される以前から設けられている制
度であるが，現在，未成年者の問題を考える際に，基本的に，子どもの権利
条約の視点が必要である。

　子どもの権利条約12条は，1項で，「締約国は，自己の意見を形成する能
力のある児童がその児童に影響を及ぼすすべての事項について自由に自己の
意見を表明する権利を確保する。この場合において，児童の意見は，その児
童の年齢及び成熟度に従って相応に考慮されるものとする」と，「子どもの
自己決定権」について明文化し，2項で，児童の「特に，自己に影響を及ぼ
すあらゆる司法上及び行政上の手続において，国内法の手続規則に合致する
方法により直接に又は代理人若しくは適当な団体を通じて聴取される機会」
を保障している。

2　憲法等

　憲法が定める国民の権利は，子どもにも認められるが，憲法は26条2項に
おいて保護者が子どもに対して普通教育を受けさせる義務を負うという形で
子どもの教育を受ける権利を実効化し，同27条3項で使用者に対して児童を
酷使することを禁止するなど，子どもを保護の対象に規定している。また，
教育基本法が5条1項で，国民に対してその保護する子に普通教育を受けさ
せる義務を定め，労働基準法が義務教育終了前の児童の使用の禁止（労働基
準法56条）や，満18歳未満の者の深夜業務及び危険業務における使用の禁止
（労働基準法61条，62条）を定めている。

3　民　法

　現行民法は，前述の通り，20歳をもって成年とすると定め（民法4条），
成年に達しない者は未成年者として，その者が法律行為をするには，法定代
理人の同意を得なければならない（民法5条）と定める。また，成年に達し
ない者（未成年者）は，父母の親権に服し，親権者が法定代理人となる（民

5

法818条）と規定している。

　そして，未成年者に親権を行う者がいないとき，又は親権を行う者が管理権を有しないとき，家庭裁判所の審判により，未成年後見が開始する（民法838条）と規定する。なお，未成年者に対して最後に親権を行う者は，遺言で後見人を指定することができる（民法839条）。これは，未成年後見が親権の延長と考えられるからであり，親権者は，自己の亡くなった後に自己に代わって子の身上を監護し財産を管理するべき後見人を指定する権利が与えられている（民法は未成年者の後見についてのみこれを認める）。この制度はローマ法以来各国の立法例に見られるものであり，旧民法及びそれ以前から，未成年者のための第一順位の後見人指定者が規定されている。民法が遺言によってのみ指定を認めるとしていることについて，古くは「親権者ハ自己ノ生存中ニ後見人ヲシテ自己ニ代ワラシムルヲ得ヘキニ非サルヲ以テ自己ノ後継者ヲ定ムルニハ遺言ヲ以テスルヲ相当ナリト認メタルニ他ナラス」（牧野菊之助　『日本親族法論［改訂版］』（厳松堂書店，1925）398頁）等と説明されている（於保不二雄＝中川淳編『新版 注釈民法㉕親族(5)』（有斐閣，1944）285頁〔久貴忠彦〕）。なお，実際に遺言で未成年後見人を指定するケースはほとんどなく，家庭裁判所による選任がなされている。

4　家事事件手続法

　家事事件手続法においては，「子どもの意思の把握」に関する規定を新しく設け，子どもの手続代理人を認めるとともに，原則として子どもの意見を考慮することを明記している。後述の未成年後見人の選任手続でも，民法は「未成年被後見人の意見その他一切の事情を考慮しなければならない」（民法840条3項）という規定を置くとともに，家事事件手続法では，未成年後見人又は未成年後見監督人の選任の審判をするに当たっては，未成年者（15歳以上の者に限る）の陳述を聞かなければならないと規定され（家事事件手続法178条1項1号），未成年者が手続の進行や内容を知り，意見を聴取される権利について明文規定がおかれ，手続保障がされている。

　前述の子どもの権利条約やこれらの条文の趣旨からも，明文で規定されている未成年後見人の選任申立ての場合に限らず，未成年後見人として職務遂

第1章　子どもに関する法規

行をする際には，未成年者から意見を聴取して本人の意思を知りかつ尊重することを心がけ，未成年者の自己決定権に十分配慮する必要がある。

5　児童に関する福祉法

平成12年以降，重篤な児童虐待事例が後を絶たず，児童虐待が社会問題化してきた中で，「児童虐待防止等に関する法律（平成12年法律82号）」（以下，「児童虐待防止法」と言う）が成立し，児童虐待の定義が法律上明記された。その後，平成16年及び平成19年には，児童福祉法が改正され，児童相談所の機能や市町村が行う子育て支援の強化など，児童虐待に対する行政側の対応を強化する制度改正がされてきた。

そして，この「児童虐待の防止等を図り，児童の権利利益を擁護する」という公法的大義を私法上にも反映させるため，平成24年4月1日施行の「民法等の一部を改正する法律（平成23年法律61号）」（以下，「平成23年改正民法」と言う）により，未成年後見制度自体の見直しではないものの，未成年後見人の引受け手を確保し児童虐待の防止を図ることに主眼をおいた民法・児童福祉法等の改正がなされるに至った。また，平成28年・29年・30年にも児童福祉法の改正がなされている。

第3　平成23年の民法改正，児童福祉法改正の概要

1　改正の目的

従前の民法の規定（さらには児童福祉法の規定）では，前述にも記載した児童虐待等の事例に対して子どもの権利擁護を適切になし得ないという実態が認められた。そこで平成23年に，より子どもの権利擁護を可能にすることを目的とした民法や児童福祉法の改正がなされた。本項では，当該改正の概略を紹介する。

7

2 親権制度等に関する見直しについて

(1) 親権者の権利義務に関する規定の見直し

親権者の監護及び教育の権利義務について、旧民法820条では「親権を行う者は、子の監護及び教育をする権利を有し、義務を負う」と規定していたが、平成23年の民法改正によって「子の利益のために」との文言が挿入され、親権の行使が子の利益のためにされるべきことが明示された。これは、従前の民法においても理念としては「子の利益」のために行われなければならないとされていた親権行使について、法律の文言としても「子の利益」のために行うことを明確に示し、国民が正確に理解することを期すべきであるという判断に基づくものであった。

すなわち、児童虐待において、親権者は「しつけ」をする権利を有するとの主張のもとに、児童虐待を正当化しようとしたり、児童養護施設等に入所中の児童について子の利益のためではなく、親自身の感情や利益のために不当な主張をしたりすることなどが認められたことから、親権においては「子の利益」を明示することでそれらの不当な権利行使を抑制しようとしているのである。

(2) 親権喪失原因の見直し

平成23年の民法改正においては、喪失原因が大幅に書き換えられた。つまり、親権喪失原因・管理権喪失原因について、従来が「親権濫用」や「著しい不行跡」であった（旧民法834条）のに対して、平成23年改正民法では、「親権行使の著しい困難」または「親権の著しく不適当な行使」という親に責任がない場合であっても子どもにとって親権が適切に行使されていない現状があればそれも親権喪失の原因とされた。さらに、これが「子の利益を害するとき」に、親権喪失の審判ができるという条文に変更されたのである。ここでも、「子の利益」という文言により、子の利益に着目した形に改められた（民法834条、835条）ことが重要である。

ところで、親権喪失が認められた場合には、子どもを保護する親権者が不在になることになり、本来は、その時のために未成年後見が当然に開始する（民法838条）ことを民法は想定しているが、未成年後見人は、選任の

第1章　子どもに関する法規

申立てに基づいて家庭裁判所が選任するので未成年後見開始と同時に子の保護の体制が整っているわけではない。このことは，本書でも後述しているところであるが，このままの制度（親権喪失制度と未成年後見制度の連携が求められていない）でよいのかは疑問が残る点を指摘しておきたい。同時の改正において，後述の未成年後見人制度に関する改正もなされたが十分ではないと言わざるを得ない。

(3)　親権の停止制度の創設

　さらに，平成23年改正民法では，「2年を超えない範囲内」であるが，親権を停止する制度が認められた。つまり，「父又は母による親権の行使が困難又は不適当であることにより子の利益を害するときは，家庭裁判所は，子，その親族，未成年後見人，未成年後見監督人又は検察官の請求により，その父又は母について，親権停止の審判をすることができる」と規定された（民法834条の2）。なお，親権喪失が，「虐待又は悪意の遺棄があるときその他父又は母による親権の行使が著しく困難又は不適当であることにより子の利益を著しく害するとき」を想定しているのに対し（民法834条），親権停止は，「親権の行使が困難又は不適当であることにより子の利益を害するとき」に認めるものであり，親権停止の効果が喪失よりも軽く，また，これに応じて要件も喪失制度より緩和されており，時機に応じた家庭裁判所による適切な権限行使が求められている。

(4)　親権喪失等の申立権者

　従来，親権・管理権の喪失の請求権者は従来の民法では子の親族及び検察官であったが（旧民法834条），平成23年改正民法においては，親権に服する子，未成年後見人及び未成年後見監督人にも申立権が認められた（民法834～835条）。また，従来，児童相談所長は，親権喪失についてのみ請求権を認められていたが，児童福祉法の改正により，親権停止及び管理権喪失の審判並びにこれらの審判の取消しについても，申立権が認められるようになった（児童福祉法33条の7）。

3　複数の未成年後見人，法人の未成年後見人の許容

　平成23年民法改正により，成年後見と同様，法人又は複数の未成年後見人

9

の選任が認められるようになり，あわせて，法人を選任する場合の考慮すべき事情についても定められた（民法840条2項，3項）。

すなわち，民法840条3項では，未成年後見人となるものが法人であるときは，その事業の種類及び内容並びにその法人及びその代表者と未成年被後見人との利害関係の有無を考慮しなければならない旨が規定された。

これらの改正によって，担い手の確保に資することが期待されている。また，法人の場合には，法人の未成年後見を認めることにより，組織で対応できるということから，被後見人の戸籍への記載が未成年後見人個人の氏名（戸籍筆頭者氏名を含む）や本籍地ではなく，法人名とその住所で済むことから，プライバシー開示の問題にも一定の対応がなされたといえる。

また，複数未成年後見が認められることになった結果，親族が身上監護を担当し，専門家（弁護士等）が財産管理のみを担当することも可能となるなど（民法857条の2），被後見人に対する適正な後見事務の執行が期待できるようになった。

4 児童福祉施設長の権限の強化

(1) 児童福祉施設長に関する規定

民法において未成年後見制度の利用を促進するための複数選任や法人後見の利用が認められたことと同じ趣旨から，子どもを実際に保護する業務を担当している児童福祉施設長の権限を強化することの必要性により，児童福祉法が一部改正された。

(2) 施設長等の権限と親権との関係の調整

児童虐待等の問題に対処するために，親権制度の見直しがなされると同時に，児童福祉法により，施設入所中や里親等委託中の児童の監護・教育・懲戒について，施設長等の権限に関する規定の改正がなされている。つまり，施設長等は，親権者・未成年後見人がいても，施設長や里親等が児童の福祉のため必要な措置をとることができる（児童福祉法47条2項）とされ，さらに，この場合，親権者・未成年後見人は，施設長や里親等のとる措置を不当に妨げてはならないことが新たに規定された（児童福祉法47条4項）。また，施設長や里親等は，児童等の生命・身体の安全を確保

第1章　子どもに関する法規

するため緊急の必要があると認めるときは，親権者・未成年後見人の意に反しても，措置をとることができることが規定された（同条5項）。これらの規定は，保護した被虐待児等に対して親権者等が自らの親権を主張して不適切な要求（面会の強要，居所の指定等）をする事態に対して，施設長等が適切な措置を取り得ることを可能にしたものである。

(3) 児童相談所長による親権代行

　これまでも，施設入所中の児童に，親権を行う者又は未成年後見人（以下，「親権者等」と言う）のない場合は，親権者等があるに至るまでの間，児童福祉施設長に親権を行うことが認められていたが（旧児童福祉法47条1項），平成23年の民法改正によって，一時保護中や里親委託中の児童に親権者等がいない場合にも，児童相談所長が，親権者等があるに至るまでの間，親権を行うことが認められるようになり（児童福祉法33条の2第1項，47条2項），児童相談所長の親権代行権限範囲がより明確化された。

(4) その後の児童福祉法改正（平成28年児童福祉法改正）

　平成28年に改正され，翌年施行の児童福祉法改正においては，子どもが児童福祉を受ける権利主体であることを明記し，①市町村が母子健康包括支援センターの設置，②国・地方自治体等が児童虐待の発生予防・早期発見に資することに留意することの明確化を規定している。

5　その他（子の利益の観点の明確化，面会交流等の規定等）

(1) 懲戒における子の利益の観点の明確化

　前述の通り，子の監護・教育の権利義務について，子の利益のためであることが明確にされた（民法820条）が，さらに，懲戒について子の利益のために行われる監護・教育に必要な範囲に限られることが明確にされた（民法822条）。懲戒権者は，親権を行うものであるが，児童福祉施設長も親権代行として懲戒権を行使することができる（児童福祉法47条第1項）。

　なお，懲戒とは，子の非行に対して教育のためにその身体又は精神に苦痛を加える制裁であるとされるが，この懲戒規定そのものについては，法務省と有識者らが作る提言においては，削除すべきであるという意見が出されたが，法務省から懲戒権の規定を削除すると，子どもに対する躾がで

11

きないという誤解を生じるとの理由から結果的に存続させることとなった（植木祐子「児童虐待防止のための親権制度の見直し～民法等の一部を改正する法律案～」立法と調査320号10頁（2011））。しかしながら，そもそも，「懲戒」という用語は教育的視点を伴う行為というよりも，悪い行動をしたことに対して懲罰を与えるという印象を与え，虐待の言い訳にも利用されていると言わざるを得ないことから，将来的には削除されるべき概念であると考える。

(2) 離婚後の子の監護に関する事項の定め（面会交流の例示等）

「面会交流」とは，親権者（若しくは監護者）として現実に子を監護教育していない他方の父母（若しくは非監護者）と面談したり，手紙や電話で交流することである。東京家庭裁判所が昭和39年に面接交渉権を承認（東京家審昭和39年12月14日家月17巻4号55頁）して以来，実務として定着していたが，条文には明確な規定はなされていなかった。そこで，平成23年改正民法において，離婚の際に定める「子の監護について必要な事項」の例示として，面会交流が離婚時に父母によって協議して定める事項として，監護の費用（養育費）とともに，規定された（民法766条）。その結果，離婚の届書には，面会交流及び養育費の分担についての取決めの有無について印をする欄が設けられている。

ただし，これらは必要的な記載事項ではないので，離婚の届出をするときにこれらの事項に取り決めを指定しなくとも，また，印をしていなくとも，離婚の要件が満たされている限り，届出は可能である（戸籍事務管掌者は届出を受理しなければならないとされる）。したがって，一歩前進ではあるが，協議離婚において実際の取り決めは十分ではないとの指摘がなされている。

海外の法制度においては未成熟子のいる夫婦の離婚に際しては面会交流や養育費について行政ないし裁判所等が関わって定めることを義務付けられていることからして，子の監護において面会交流や養育費は子どもの権利に主眼があるべきであり，現状では，未だ不十分な規定であると言わざるを得ない。

第2章　未成年後見制度

第2章

未成年後見制度

第1　未成年後見人とは

　未成年後見人は，選任された後は，被後見人たる未成年者について親権者とほぼ同様の権利義務が認められ（民法820条，857条，859条），未成年者の監護教育とその財産的利益の保全を行う（民法857条，859条）。

　また，未成年者が他人に損害を与える行為をした場合，未成年後見人は，未成年者が責任無能力者（判例ではおおむね12歳以下とされている）であれば，民法714条が定める監督義務者の責任を負い，未成年者に責任能力がある場合においては，監督行為の過失責任（民法709条）として損害賠償責任を負う可能性もある。このように，未成年後見は，未成年者の養育及び監督という側面から親権の延長又は補充と位置づけられ，「親代わり」の機能が期待される。

　ただ，未成年後見人が選任された件数は，必ずしも多くはない（本編第4章参照）。これまでは，親権者が死亡した場合，さらには，行方不明，刑事施設入所中，長期入院中，心神喪失状態等，親権者として動けないといった事実上親権を行使できない場合に，未成年後見人を選任すべき状態が発生しても，多くの場合，未成年者は親族や児童福祉関係の機関・施設等で保護され，その監護教育を受ける「事実上の後見」が行われていたため，未成年後見人選任の必要性はあまり認識されてこなかった。未成年後見人の選任申立ては，未成年者本人の継続的・包括的監護教育というよりは，むしろ，養子縁組の代諾や財産の管理処分，父母等の退職金・保険金等の受領，遺産分割などの特定の法律行為のために行われるのが通常であった。

13

第2　未成年後見人の選任

1　遺言による選任規定（指定後見人）

　民法は，未成年者に対して最後に親権を行う者（管理権を有している者）は，遺言で未成年後見人を指定することができるとする（民法839条1項）。また，親権を行う父母の一方が管理権を有しないときは，他の一方が（前項の規定によって）未成年後見の指定をすることができると規定する（民法839条2項）。これは，未成年後見が親権の延長と見られることや，親権者は，未成年後見人の人選について最も慎重かつ適当にこれを行い得ると考えられていることにもとづく。

2　家庭裁判所による選任（選定後見人）

　家庭裁判所は，民法839条により未成年後見人となるべき者がいないときは，未成年被後見人又はその親族その他利害関係人の請求によって，未成年後見人を選任するとしている（民法840条）。

　未成年者本人の申立権は，平成11年の民法改正において明記された。年齢を明記していないことから，意思能力さえあれば選任請求権があるものと考えられている。（於保不二雄＝中川淳編『新版　注釈民法(25)親族(5)〔改訂版〕』（有斐閣，2004）296頁〔久貴忠彦〕）。

3　未成年後見人の欠格事由等

　未成年後見人の欠格事由としては，①未成年者，②家庭裁判所で免ぜられた法定代理人，保佐人又は補助人，③破産者，④被後見人に対して訴訟をし，又はした者並びにその配偶者及び直系血族，⑤その他行方の知れない者である。

　このような欠格事由が定められたのは，未成年者の財産を管理し，身上監護等の職務を適正に行うことが期待できない者は初めから外す必要があるからであるとされている。なお，この欠格事由は後見人一般に対する規定である。

14

第 2 章　未成年後見制度

　これらの欠格事由の中では，④を除く事項は定型的な欠格事由とすることに一定の合理性があると思われるが，④の訴訟当事者に関しては裁判所の裁量的な判断に委ねたほうがよいと指摘されているが（於保不二雄＝中川淳編『新版 注釈民法⑵親族(5)［改訂版］』（有斐閣，2004）331頁〔犬伏由子〕），訴訟といっても多様な内容があることから，一律に欠格事由とまですべきではないように解される。

　なお，「家庭裁判所で免ぜられた法定代理人，保佐人又は補助人」とは，「解任された」ことを言い，辞任は含まない。

　ところで，ここに言う「法定代理人，保佐人又は補助人」の範囲については，親権者・後見人・保佐人・補助人が入ることは当然であるが，遺言執行者が解任された場合（民法1019条 1 項）も欠格事由となるとするのが通説であり，親権者が利益相反する場合の特別代理人（民法826条）は不適任の場合，家庭裁判所は解任し得るとされ，その場合も欠格事由になると考えられている。他方で，不在者財産管理人（民法25条 1 項）・相続財産管理人（民法918条 2 項，952条）については，家庭裁判所が解任することはあるが，それは必ずしも不適格が理由とは限らないことから，後見人としての欠格事由には当たらないとするのが通説である。

第3 │ 未成年後見監督人

1　遺言による選任規定

　民法は，未成年後見人を指定できる者は，遺言で未成年後見監督人も指定することができるとする（民法848条）。そして，未成年後見人を指定できるのは，未成年者に対して最後に親権を行う者であり管理権を有している者である（民法839条 1 項）。また，親権を行う父母の一方が管理権を有しないときは，他の一方が未成年後見人の指定をすることができると規定する（民法839条 2 項）。

15

2 家庭裁判所による選任

家庭裁判所は，必要があると認めるときは，被後見人，その親族若しくは後見人の請求により又は職権で，後見監督人を選任することができる（民法849条）。

家庭裁判所が選任を認めるかどうかは，一般的には，未成年者の利益保護のため，未成年後見人に対する監督機関を常置しておく必要のあると判断される場合と考えられている（成人の被後見人も同様）。例えば，未成年者が多額の財産を有してその利益保護が要請される場合に，現行法下では，未成年後見人が常に家庭裁判所の監督下に有るとはいえ，未成年者の財産に関する代表行為は単独でなし得るとされるから未成年後見人が権限を濫用した場合には財産保護の効果がない。そこで，後見監督人を置かれた場合，未成年後見人が未成年者に代わって民法13条の行為をするにつき，後見監督人の同意を得なかったときは，その行為は取り消し得る（民法864条，865条）とすることによって，効果的に財産保護の目的を果たすことができる。実際に未成年後見監督人が選任されるのは，財産管理や身上監護について専門職後見人を選任するまでの必要性はないとして，未成年後見人に親族を選任するときに，親族の後見人による財産管理や身上監護が適正に行われるように，家庭裁判所が専門職の未成年後見監督人を選任して監督を期待するケースが多い。

3 未成年後見監督人の欠格事由，業務等

未成年後見監督人の欠格事由，職務，委任及び後見人の規定の準用は，成年後見監督人と同様である（民法850条，851条，852条）。後見人の配偶者，直系血族及び兄弟姉妹は後見監督人になることができず（民法850条），後見監督人の職務は，①後見人の事務を監督すること，②後見人が欠けた場合に，遅滞なくその選任を家庭裁判所に請求すること，③急迫の事情がある場合に，必要な処分をすること，④後見人又はその代表する者と被後見人との利益が相反する行為について被後見人を代表することである（民法851条1号ないし4号）。

第2章　未成年後見制度

　後見監督人が選任されたときは，財産の調査及びその目録の作成及び後見の計算（後見人の任務終了時になす管理の計算）は，後見監督人の立ち会いをもってしなければならない（民法853条1項，871条）。また，後見人が，被後見人に対し，債権を有し，又は債務を負う場合において，後見監督人があるときは，財産調査に着手する前に後見監督人に申し出なければならず，後見人が被後見人に対し債権を有することを知って申し出ないときは，その債権を失うことになる（民法855条）。

　さらに，未成年後見監督人が選任されたときは，未成年後見人が，親権を行う者が定めた教育の方法及び居所を変更し，営業を許可し，その許可を取り消し，又はこれを制限するには，未成年後見監督人の同意を得なければならない（民法857条，867条）。また，後見監督人は，いつでも，後見人に対し後見の事務の報告若しくは財産の目録の提出を求め，又は後見の事務若しくは被後見人の財産の調査をすることができ（民法863条1項），家庭裁判所に対し，被後見人の財産の管理その他後見の事務について必要な処分を命ずるよう請求することができる（民法863条2項）。後見人が，被後見人に代わって営業若しくは民法13条1項各号に掲げる行為（保佐人の同意を要する行為）をするときは，後見監督人の同意を得なければならない（民法864条）。

17

第3章

未成年後見人の権利義務

第1 未成年後見人の権利義務

1 概 要

　民法857条は，未成年後見人は親権を行う者と同一の権利義務を有すると規定する。すなわち，①未成年者の監護及び教育の権利義務（民法820条），②居所の指定（民法821条），③必要な範囲の懲戒（民法822条），④自営業を営むことの許可（民法823条）について，「親権を行う者と同一の権利義務」が認められている。

　しかし，親権者が管理権を行うに際して要求される注意義務が「自己のためにするのと同一の注意義務」（民法827条）であるのに対し，未成年後見人の未成年者に対する身上監護義務には善管注意義務が課されており（民法869条，644条），未成年後見人の方が親権者よりも，より高度な注意義務を課されている。これは，未成年後見人には，親権者の未成年の子に対する自然の愛情を期待し得ないからであるとされる。したがって，未成年後見人が善良なる管理者の注意を怠り，未成年者に対して損害を生じせしめたときは，損害賠償の責に任ずることとなる。なお，この場合の責任については，債務不履行責任と解する立場（大判大正13年7月9日大民集3巻303頁）と，不法行為責任と解する立場の対立があるが（於保不二雄＝中川淳編『新版 注釈民法㉕親族(5)〔改訂版〕』（有斐閣，2005）456頁〔中川淳〕），裁判実務においては統一した取扱いはなされていない。

　ところで，成年後見人も成年被後見人のために身上監護に関する義務を行うが，その根拠となる民法858条は，「成年後見人は，成年被後見人の生活，療養看護及び財産の管理に関する事務を行うに当たっては，成年被後見人の

意思を尊重し，かつ，その心身の状態及び生活の状況に配慮しなければならない」と，成年後見人の善管注意義務を表現した「身上配慮義務」を定めているにとどまることから，身上監護に関する権限については，成年後見人よりも未成年後見人の方が強力かつ広範な権限が認められていると言える。この観点から，成年後見人の医療同意権は認められていないが，未成年後見人による医療同意は，運用上認められることになるものと考えられる。

2 監護教育

　民法820条は，「親権を行う者は，子の利益のために子の監護及び教育をする権利を有し，義務を負う」と規定している。民法上は，監護と教育が区別され，監護とは身体上の監護保護をすることであり，教育とは精神的発達を図ることであるとされているが，実際には厳密な区別はなく，これらが相まって，子どもを心身ともに社会人に育成すべきことと考えられている。

　したがって，未成年後見人の実際の身上監護業務についても，「子育て」に近く，未成年者との日常的な関わりが必要とされる。個々の事案にもよるが原則として未成年者の生活状況等を把握し，未成年者と密にコミュニケーションを取り，信頼関係を築くことが重要である。

　教育についても，未成年後見人には，まず，子に普通教育（義務教育）を受けさせる義務がある（憲法26条2項，教育基本法5条1項，学校教育法16条，29条，45条）。さらに，未成年者が義務教育以上の専門教育を受けるのか，就業するのかなど，未成年者が受ける教育についても，未成年後見人は，原則として，未成年者の意思を尊重し，その福祉にも配慮して監護教育することができる。

　ただし，後見監督人がある場合に限り，「親権を行う者」の定めた教育方法を未成年後見人が変更するには，後見監督人の同意を得ることを要する（民法857条ただし書）。

　しかし，後見監督人の同意なしにされた教育方法の変更の効力には，民法853条2項「財産の調査及びその目録の作成は，後見監督人があるときは，その立会いをもってしなければ，その効力を生じない」というような規定や，民法864条（法定代理権）違反の場合の民法865条（取消権）のような救済規

定はおかれていない。したがって，未成年後見人が，「親権を行う者」の定めた教育方法の変更となることを知りつつ後見監督人の同意を得ないで変更したという事実は，「後見の任務に適しない事由」（民法846条）として考慮されるにとどまる。

なお，「親権を行う者」とは，親権者を含むことはもちろんであるが，この他，親権代行者（民法833条，867条，児童福祉法47条）も含まれ，監護者（民法766条，771条，749条，788条），監護教育受託者（本編第6章参照）もそれらの者が教育権を有する者である場合に限って含まれる。後見人変更の場合における前任後見人も含まれるものと見るべきであろう。

3 居所の指定

未成年後見人は，居所指定権を有しており，未成年者の心身の状態や財産の状況，未成年者の意見その他一切の事情を考慮して，そもそも何処で誰と暮らすのか（親族，施設，里親等）を判断することができる。未成年者が就職や進学に際して独り暮らしをさせるのが適当と判断した場合などには，未成年者が居住するアパートの賃貸借契約の手続をして，独り暮らしを可能とすることができる（民法857条，821条）。

ただし，未成年後見人に就職する前に，既に「親権を行う者」によって居所が定められており，これを変更することになる場合で，後見監督人が選任されている場合には，その同意を得る必要がある（民法857条ただし書）。

なお，この場合，「親権を行う者」とは，前述同様の者を意味するほか，教育権を有しない監護者も含まれる。

4 懲戒権

未成年後見人は，監護及び教育に必要な範囲内において未成年者に対し懲戒権を有する（民法857条，822条）。

親権者による児童の虐待において，懲戒権を口実に自己の行為を正当化しようとするなどの指摘があったことから，平成23年改正民法により懲戒の範囲に関する文言が加えられるとともに，現在該当する施設が存在しない「懲戒場」に関する規定は削除された。なお，懲戒権の規定の存続の問題点につ

いては先に指摘した通りである。

5 職業許可権

　未成年者は，未成年後見人の許可を得なければ，職業を営むことができない（民法857条，823条1項）。ここで言う「職業」とは，民法6条に規定する「営業」よりも広い概念で，他人に雇用される場合などを含む。具体的な場面としては，未成年者がアルバイト等を希望する場合の対処が挙げられる。

　さらに，未成年者の希望する職業が営業に該当する場合，未成年後見人は，後見監督人がある場合には，営業の許可，その許可の取消し，又はその制限をするについて，後見監督人の同意を得なければならない（民法857条ただし書）。

　営業は損益の危険を自ら負担するような取引行為をすることが少なくなく，未成年者の財産に多大な影響を及ぼす可能性があるので，営業の場合に限り，民法は後見監督人の関与を必要としている。

　なお，親権者や未成年後見人には未成年者に対する職業許可権限はあるものの，未成年者を代理して労働契約を締結することはできない（労働基準法58条1項）。

6 身分上の代理権

　身分行為は，本人の自由な意思に委ねるべきであり代理に親しまないことから（最二小判昭和33年7月25日民集12巻12号1823頁），未成年後見人は原則として，婚姻，認知，遺言等の身分行為を代理することはできない。もっとも，実際の実務では，代理権が認められない身分行為であっても，未成年者の成長に必要なものについて，未成年後見人は，未成年者をサポートし，対処する必要があり，事実上の代理権に近いことが行われている。

　なお，身分行為であっても未成年者の養子縁組（民法797条1項）や，死亡した養親との離縁（民法811条2項，5項）については，未成年者が15歳未満のときは，未成年後見人が代理して行うことができるとされている。

　何が代理に親しまない行為かについては，条文の文言から判断できる場合もあれば，個別の解釈による場合もあり，その判断は必ずしも明確ではない。

また，本人の意思表示を必要とすることから「一身専属的」行為と表現されることがあるが，ここで言う一身専属的とは行使上の一身専属権（民法423条ただし書）や帰属上の一身専属権（民法896条ただし書）の範囲と同一というわけではない。

　すなわち，当事者の自由意思を尊重すべき権利として第三者が代位することができない権利（一身専属権）として，譲渡できず，相続も認められない帰属上の一身専属権（民法896条ただし書）と，離婚又は離縁の請求権，認知請求権など家族法上の権利である行使上の一身専属権は代理行使できないとされるが，未成年後見においては離縁等の身分行為については，15歳未満の未成年者の場合，本人の利益のために代理行使することが認められている。

　なお，相続放棄（民法938条），遺留分減殺請求権（民法1031条），扶養請求権（民法752条，877条）については，未成年者の財産管理的性質を有することから，未成年後見人が代理権行使することが可能と解されている。

7　財産管理に関する権利義務

(1)　財産の管理・代表

　民法859条では，未成年後見，成年後見共通のものとして，後見人は被後見人の財産を管理し，その財産に関する法律行為について被後見人を代表し，また，被後見人の行為を目的とする債務を生ずる場合には，本人の同意を得ることが必要である（民法824条）と規定する。

　さらに，未成年後見人は，法定代理人として，未成年者の財産上の法律行為に関する同意権，取消権を有する（民法5条）

　財産の管理とは，財産の保存，財産の性質を変えない範囲での利用・改良を目的とする行為，又，管理を目的とする処分行為を言い，実際には，収支の管理，預貯金等の財産管理，契約の締結管理等が未成年後見人の業務となる。

　なお，条文上の文言は「代表する」と定められているが，その意味は「代理」と解するのが一般的である。

(2)　親権者との比較

　未成年後見人の財産管理事務は，未成年者の財産に関する一切を管理す

第3章 未成年後見人の権利義務

るという広範にわたるものであり，これらは親権者と同じである。

　ただし，親権者と異なり，未成年後見人の未成年者の財産に対する管理義務は，身上監護事務と同様に，親権者の注意義務よりも高度な善管注意義務が課されている（民法869条，644条）。

　さらに，未成年後見人には，その他の義務として，財産調査及び財産目録作成義務（民法853条，856条），債権債務の申出義務（民法855条），支出金の予定作成義務（民法861条），管理計算義務（民法870条），利息付加・損害賠償義務（民法873条），応急処分義務（民法874条，654条）がある。

(3) 利益相反行為

① 利益相反行為とは

　未成年後見人には民法859条1項，5条1項により，財産に関する法律行為について広範な代理権・同意権が与えられるが，未成年後見人の行為が利益相反行為に当たる場合には，代理権・同意権の行使が制限される（民法860条，826条）。

　利益相反行為とは，未成年後見人にとっては利益になるが，未成年者にとって不利益となる行為を言う。例えば，㋐未成年後見人が未成年者の所有物を購入する（売買），㋑未成年者がその所有不動産を未成年後見人に贈与する，㋒未成年後見人と未成年者が共同相続人となり遺産分割協議をすることなどが挙げられる。

② 利益相反行為禁止の趣旨

　民法が利益相反行為を禁止する趣旨は，自己契約・双方代理の禁止（民法108条）と同趣旨であり，未成年者と類型的に利害関係の対立がある場合に未成年後見人の権限行使の公正を担保し，未成年者の利益を確保するためである。前記㋐から㋒などの法律行為において，未成年後見人が単独でなし得るとすれば，未成年後見人が自らの利益を得ようとして，その結果，未成年者が損害を受けるおそれがあることから，このような利益相反行為自体を制度的に禁止しようとするものである。

③ 利益相反行為の判断基準

　未成年後見人の行為が利益相反行為に該当するかについては，民法860条の未成年者の利益保護の趣旨から判断する。

23

学説には，専ら行為自体又は行為の外形から判断すべきであるとする形式的判断説と，行為の動機・目的・実際的効果等一切の事情を考慮して判断すべきであるとする実質的判断説がある。

　形式的判断説に対しては未成年者のための行為（未成年者の生活のための未成年後見人の借入を担保する未成年者名義不動産への抵当権設定行為など）が禁止される結果になり結論として不当となることがあると説かれるが，他方で実質的判断説の立場をとると，行為の動機・目的・実際的効果等を判断事情に入れて利益相反行為を認定することとなり，第三者に不測の損害を与え取引の安全を害するおそれがある。判例は，大審院以来，利益相反行為かどうかは専ら「行為自体」ないし，「行為の外形」から判断すべきであり，行為の動機・縁由・目的・結果等を考慮して判断すべきではないとして形式的判断説をとっているようである（大判昭和 7 年 9 月13日民録24輯1684頁，最三小判昭和42年 4 月18日民集21巻 3 号671頁，最二小判昭和49年 9 月27日裁判集民112号741頁等）。

　しかし，判例も，外形上は利益相反行為にならない実質的利益相反行為については，権限濫用として，相手方が代理権濫用の事実を知っていた場合にその行為の効果を未成年者に及ぼさないことで，未成年者の保護を図るべきであるとする（民法93条ただし書の類推適用。最一小判平成 4 年12月10日民集46巻 9 号2727頁）。

　また，外形的判断の上に，さらに，外部から知ることのできる事情や客観的に推測される事情，相手方の知っている具体的事情などを考慮して，実質的に判断していることも指摘されており（有地亨『新版 家族法概論〔補訂版〕』（法律文化社，2005）213頁以下），利益相反行為かどうかは，個々の事件の具体的事実関係のもとで，判断されるものと考える。

④　利益相反行為の効果

　かつては絶対的無効とする判例もあったが，近時は判例・学説とも無権代理行為とする（最二小判昭和45年 5 月22日民集24巻 5 号402頁）。したがって，未成年後見人あるいは成人して行為能力者となった本人や特別代理人も，追認することができる。

第3章　未成年後見人の権利義務

⑤　利益相反行為への対応

実際には，未成年後見人の行為が利益相反行為に当たる場合には，未成年後見人は代理権・同意権は行使できず，未成年後見監督人が行う（民法851条1項4号）。未成年後見監督人がいない場合は，特別代理人を選任する必要がある（民法860条，826条）。

(4)　特別代理人

①　特別代理人が必要な場合

未成年後見人の行為が未成年者との関係で利益相反行為に当たり，かつ，未成年後見監督人が選任されていない場合は，家庭裁判所に特別代理人選任の申立てをする必要がある（民法860条，826条）。

典型的な場合としては，未成年後見人と未成年者が共同相続人で，遺産分割協議をする場合や，未成年者のみが相続放棄をする場合（未成年後見人が先に相続放棄をしている場合を除く）が挙げられる。

特別代理人の選任の請求権者としては，未成年後見人以外に親族その他の利害関係人による請求又は家庭裁判所の職権においても選任ができると解される（民法843条2項類推）。

②　特別代理人の権限の範囲

特別代理人は特定の行為についてのみ個別に選任される。例えば遺産分割であれば特定の遺産分割案を添付するのが通例であり，権限はその遺産分割案の合意（あるいは不合意）をする権限にとどまる。

ただし，特定の行為以外のその他の関連行為についてはできるだけ限定して無権代理とすると解釈した判例（最三小判昭和44年11月18日家月22巻5号54頁）がある一方で，特別代理人がある程度の裁量権を有することを明らかにしたと評されている判例（最三小判昭和37年2月6日民集16巻2号223頁）も存在する。事案により個別に判断されているものと解され，慎重な検討が必要である。

なお，特別代理人は当然善管注意義務を負い，また，利益相反行為の禁止についても民法860条等各規定が類推される。

③　特別代理人の善管注意義務の内容

必要に応じて個別に選任される特別代理人の性質上，特別代理人の善

25

管注意義務は，個別に選任された特定行為の範囲にのみ要求されるが，実務上，その特定行為自体の相当性の判断責任は特別代理人自身にあることに注意が必要である。判例では，審判書添付の通りの内容の遺産分割協議を成立させた事案において，約15年後に注意義務違反が問われ，その過失が認められたものがある（広島高岡山支判平成23年8月25日判タ1376号164頁）。

8 医療同意

(1) 未成年者に関する医療同意

病気や怪我の治療の過程で行われる医療的な措置と侵襲を，未成年後見人が未成年者に代わって同意し得るのかが問題となる。

特に，医療行為の中には，人の身体への侵襲を内容とする行為が含まれるが，この医療行為を受けるためには，本人の同意（自己決定）が必要であり，この同意があることによってはじめて，当該医療行為の違法性が阻却される（違法性がなくなる）と解されている。つまり，医療行為については，自らの身体へ侵襲ではあるが，①身体を治療する目的の行為であって，かつ，②医学的にも認められた行為であり，③それを理解した当事者が了解する場合に，違法ではなくなるのである。

未成年者に対する医療行為に関しては，①及び②を前提に，③に関しては一般的に親権者の同意によって，違法性がなくなると理解され，運用されている。これは，上記の③について，本人に理解する能力や判断する能力がなく，一方で，親が親であることから代諾することが当然と見られていることに基づいている。そのため，医療関係者は親権者の同意を求めた上で医療行為に臨む必要がある。すなわち，未成年者については，医療行為に対する理解・判断能力が未成熟，あるいは新生児・幼児はそもそも自らの意思を表示すること自体不可能であることから，治療に際しては，親権者が未成年者本人に代わって意思決定をし，同意をするという解釈（代諾）がとられているのである。

判例においても，医療機関は，同意を得ることが必要であることを前提に，医師による法定代理人に対する説明義務を負い（最二小判昭和56年6

月19日裁判集民133号145頁等，必要な治療であっても，親権者等の同意なく，あるいは積極的に拒否している場合にまでこれに反して医療行為を強行することができないと判断されている。

(2) **未成年後見人の医療同意**

　未成年後見人に親権者と同様の医療同意の権限あるいは義務があるのかについては，明文規定はない。

　また，これまで正面から判断された事例もない（成年後見人の場合，被後見人の医療行為への同意権はないとされている）。

　そこで，事案に応じて個別具体的に判断されることとなるが，未成年後見人が，未成年者の身上監護の一切について「親権を行う者と同一権利義務を有する」（民法857条，820条）こととされていることからして，身上監護権の範囲内の行為として，必要な範囲において医療同意を行う権利義務を有すると考えられている。

　ただし，未成年後見人は医療等について必ずしも専門的知識を有しているわけではない。そのため，親権者以外に，未成年者と一定の関係を保有している親族がいれば，その親族に事情を説明し医療同意をしてもらうべきであるし，未成年者本人がある程度の年齢で医療行為に対する判断能力を有している場合にはその意思を尊重する必要がある（特に子どもの意思表明については，関東弁護士会連合会平成28年度大会宣言「医療における子どもの権利の保障の確立を求める宣言」参照）。

　しかしながら，親権者がいない，音信不通という場合や，親はいるもののその者の判断能力に問題がある，不合理な理由で不同意あるいは積極的に反対されたというような場合には，未成年後見人自身が同意をし，医療行為を実施させるほかないこととなる。その場合，未成年後見人が治療の結果について，何らかの責任を負うことがあり得るかについては，親が自らの子に対する身上監護に関する権利義務を行使するにつき第三者に対して責任を負うことはないことから，同様に同意をした医療行為によって未成年者に不利益な事態や重篤な事態が生じたとしても，通常の注意義務を怠ったなど特段の事情がない限りは，その責任を問われることはないと解される。

いずれにせよ，未成年後見人において医療行為への同意が必要な場合には，医師その他関係者から医療行為について十分な説明を受け，場合によっては，施術者以外の医療者にセカンドオピニオンを求めるなどして，その医療行為が相当であるものかを確認し，さらに未成年者本人や親族，関係機関等と十分に協議をすることが重要である。

(3) 親権と医療同意

ところで，後述において平成23年の児童福祉法改正を説明しているが，親権の一時停止（民法834条の2）等が改正された経緯において，指摘された問題の1つに医療ネグレクト（子どもに必要な医療を受けさせないこと）があった。そして，同法施行後も，親権の停止が必要とされる理由としては，医療同意の問題が多いとされている。

つまり，医療ネグレクトとは，医療関係者や児童相談所等が子どものために必要であると判断する医療行為に対して親権者が同意しないというものであり，具体的には，親が信教上の理由から，必要な輸血を拒否したり，子どもが身体的な障害のため，出生後から気管切開が必要となり，窒息死の危険性があるような場合でも親がこれを拒否したりというケースが報告されている。

現状では，上記のようなケースに対応するために，医療機関が児童相談所に通告をし，児童相談所も説得したが親権者の同意を得られなかった場合などには，親権停止の審判がなされているが，そもそも医療同意とは何か，さらには親権者に対して子どもへの広範な医療同意権が認められているのは何故かということについて，根本的に検証する時期に来ているのではないかと思われる。

第2 親権者と未成年後見人の違い

前述の通り，未成年後見人は，民法の規定が示すように，親権者が不存在，若しくは管理権を行使できない場合に，親権者に代わって未成年者を監護教育し，財産管理をすることがその職務である。未成年者の最後の親権者が遺言で指定するか，家庭裁判所が選任する。未成年後見人に代わって未成年者

の財産を管理する法律上の権限があり，監護教育を通じて未成年者の生育への重大な責任を有することになる。

　ところで，未成年後見人は，必ずしも未成年者と同居して養育することは想定されていない。子どもの養育においては，一般的に衣食住を整えるとともに，その過程，つまり生活する中で子どもを教育することが基本であると解されるが，未成年後見人においては，同居して衣食住をともにしたり，教育問題を日々把握したりすることは必ずしも求められているものではない。そのため，未成年後見人として法人や法律家等の専門職後見人が職務を担当する可能性が生じるが，一方で，同居していない専門職未成年後見人や同居するという概念が考えられない法人が未成年者の現状や未成年者の意思を把握し，適切な監護養育できるかについて，一定の限界があることは否めないであろう。

　したがって，同居して養育できる親族や福祉関係者等が未成年後見人になることが適当な場合であるか，未成年者の抱える問題に即して専門職を含む複数の未成年後見人が必要になる場合なのか，さらには，あえて未成年後見人を置く必要まではないが，親権者が不在ないし親権者が機能しない場合に里親や施設における養育が必要であるのか，個々の未成年者によって，きめ細かく検討されるべき時期に来ているように思われる。

第4章

未成年後見事件の動向

　未成年後見人選任の申立件数の推移は，最高裁判所事務総局の司法統計によると，以下の通りである。

　未成年後見人選任の申立件数は，平成12年度には全国で2955件であった。その後，平成20年度から平成28年度にかけては，2380件，2617件，2380件，2661件，2426件，2366件，2150件，2295件，2531件と微減しつつあるものの，大きな変動はなく2000件強で推移している。

　一方，未成年後見監督人選任の申立件数については，平成12年度は42件であったところ，平成20年度から平成28年度にかけて，123件，93件，123件，135件，121件，137件，152件，179件，152件と，わずかではあるが増加の傾向が認められる。

　未成年後見人，未成年後見監督人いずれも大きな変動はなく，推移は安定しているように見られる。

　そもそも，未成年後見人が必要になるような親権者を失った未成年者であっても，児童養護施設等の施設内にいる場合は施設長が親権を代行している。身近な親族が引き取っていれば，事実上その親族が面倒を見ており，それに際して未成年後見人の選任手続をとっていないことが多い。

　すると，選任手続に至っているケースは，遺産相続・相続放棄等の法律行為を行う必要がある場合，保険金の受領等により多額の財産を所有しているなどの理由で財産管理が必要な場合など，一部にとどまっている。

　その安定した全体の推移の中でも，目に留まる変化として挙げられるのは，平成23年以前と以後の東北地方の数値の変動である。

　平成23年3月，東日本大震災が発生し，太平洋側の東北3県において多数の津波の犠牲者が出た。その東日本大震災以前である平成22年度，仙台・福島・盛岡における未成年後見人選任申立件数はそれぞれ60件，56件，17件であったところ，平成23年度はそれぞれ147件，51件，8件と，仙台における

30

申立件数が倍以上に増加している。翌年である平成24年度には，それぞれ55件，53件，32件と，盛岡での申立件数が倍以上に増加した。平成24年度は，それまで1〜5件前後にとどまっていた未成年後見監督人の選任の申立ても，それぞれ20件，16件，6件と増加している。平成25年度には96件，68件，91件と，引き続き東北3県での未成年後見申立件数は高い数値を記録し，平成26年度に至ってようやく40件，43件，38件と東日本大震災前の申立件数に近接する数値に戻っている。全体としては微減傾向にある中で，東北3県における申立件数の動向は，平成23年の東日本大震災によって保護者を失った未成年者の数が相当にわたったことに起因しているものと考えられる。

第5章

未成年後見の実務

第1 未成年後見人選任手続

1 未成年後見の開始と申立て

　未成年者に対して親権又は管理権を行使する者がいない場合，又は親権を行う者が管理権を有しないときには未成年後見が開始する（民法838条1項）。ここにおける「未成年後見が開始する」とは，未成年後見人を置くべき状態が生じたことを言うにすぎない。未成年後見が開始していたとしても，親族の監護下にあったり，施設入所中であったりすれば，事実上親族や施設長等が親権を代行しており，未成年後見人が必ず指定されるわけではない。未成年後見人が選任されるには，親権者が遺言で指定するか（民法839条），申立てを受けて家庭裁判所が選任する（民法840条）という手続が必要となる。

　申立てによる選任の場合，申立権を有する者は未成年者本人，親族，利害関係人である（民法840条）。なお，利害関係人のうち，親権を喪失・停止させられた者等が，その喪失・停止により未成年後見人の選任が必要となった場合，遅滞ない申立てが義務であると定められている（民法841条）。本人申立ての場合，裁判所の手引を参照すると，15歳以上であることが求められている（東京，名古屋，さいたま等の裁判所ウェブサイトで公開されている「申立ての手引」参照。例えば，東京家庭裁判所・東京家庭裁判所立川支部「未成年後見人選任の申立ての手引」(http://www.courts.go.jp/tokyo-f/vcms_lf/150928miseinenkoukennin-mousitate-tebiki.pdf)）。利害関係人の典型は，児童相談所の所長や未成年者の債権者，債務者等が挙げられる。

　未成年後見人選任の申立後は自由に取下げができない（家事事件手続法121条）。取り下げる場合には，審判前であっても裁判所の許可を要する（同条）。

32

選任される未成年後見人が申立人の意に沿わない，財産の使途が希望に沿わないなどの理由での取下げは許可されず，申立てが維持されて未成年後見人が選任される。

2　申立準備

　未成年後見人選任の申立ては，申立書を未成年者の住所地の裁判所に提出することによって行う。申立書の書式は裁判所の窓口で入手できるほか，裁判所のウェブサイトにも掲載されており，ダウンロードして記入することで容易に作成することができる。

　申立てに際しては，未成年者の戸籍謄本や住民票，親権を行う者がいないことを示す書面，事情説明書，財産に関する資料，収入印紙800円（未成年者1人につき），郵便切手等を申立書と併せて提出する。郵便切手は申し立てる裁判所によって必要額や組合せが異なるので，申立前に裁判所に問い合わせて確認する必要がある。申立てから審判までに要する各種費用は，原則として申立人の負担となる。未成年者本人の財産から負担させたい場合には，別途上申書を添付してその旨を上申する必要がある。認められた場合には，未成年後見人選任後に，未成年後見人から事務費用として立替え分の支払を受けられる。

　事情説明書とは，申立ての経緯，親族関係，未成年者の経歴，現状などを記載する書面である。書式は裁判所において用意されており，チェックを付けたり，必要事項を書き込んだりすることで作成できる。財産に関する資料としては，未成年者の預金通帳の写しや，財産目録が必要となる。そのため，申立人としては，未成年者が保有する財産を調査して可能な限り洗い出しておくことが求められる。

　これらの提出書類については，A4用紙を使用する，綴じ代を左側に設けるなど，裁判所の求める条件が一定数存在するため，申立前に該当裁判所の申立ての手引を参照するか，書記官に相談することが望ましい。

3　選任手続

　民法840条3項は，家庭裁判所は未成年後見人の選任に当たり，「未成年被

後見人の年齢，心身の状態並びに生活及び財産の状況，未成年後見人となる者の職業及び経歴並びに未成年被後見人との利害関係の有無（未成年後見人となる者が法人であるときは，その事業の種類及び内容並びにその法人及びその代表者と未成年被後見人との利害関係の有無），未成年被後見人の意見その他一切の事情を考慮しなければならない」と規定している。

具体的には，通常，以下のような手順がとられている。

申立書が家庭裁判所に提出されると，まず，裁判所は申立人と面接を行う。申立てに至るいきさつや未成年者の現在の生活状況・財産状況等について，提出された資料を踏まえ，家庭裁判所調査官が聴き取りの上で調査を行う。さらに，未成年者の面接も行われる。未成年者が裁判所に出向くこともあるが，家庭裁判所調査官が家庭訪問をする場合もあり，調査の方法は家庭裁判所調査官に委ねられている。家庭裁判所が未成年者の現在の生活状況を把握するためには，実際に居住している現在の生活場所やその生活ぶり等，未成年者の様子を確認することが重要である。申立人としては，家庭訪問を求めるなどで調査官に現状が十分伝わるよう働きかけるとよい。

申立書には，未成年後見人の候補者を記載する欄が設けられている。申立書に記入した候補者が必ずしも選任されるわけではなく，候補者が記入されていた場合，当該候補者につき適否が判断される。調査官が候補者と面談し，未成年者との関係性や資質等を調査する。未成年後見人候補者が不適当と判断された，又は，候補者を記入しなかった場合には，裁判所が弁護士会や司法書士会等に推薦依頼をし，同会らから推薦された弁護士や司法書士等を選任することとなる。選任の基準として家庭裁判所は，①未成年者の心身の状況・生活状況・財産状況，②候補者の職業経歴，③候補者と未成年者との利害関係の有無，④未成年者の意向等の事情を総合して判断する旨を，前掲「申立ての手引」において公表している。

さらに，未成年者に親族等がいた場合には，照会書の送付等によってそれぞれの意向の確認も行われる。親族内で未成年者の監護方針や財産管理方針に齟齬がある場合，親族内から未成年後見人を選任することは，争いを激化して未成年者の環境をより悪化させることになりかねない。実際に，親族から候補者が挙げられていたとしても，親族内に後見人候補者に反対意見があ

第5章　未成年後見の実務

る場合や，未成年者の所有する財産が多額にわたる場合には，未成年後見人又は監督人として弁護士や司法書士等の専門職が選任されることが多い。

申立てから選任までの調査期間は，1か月程で審判が出るものもあれば，3〜4か月を要するものまで，事案によって多様である。

4　選任後の流れ

未成年後見人が選任されると，その旨が戸籍に記載される。平成23年民法改正以前には未成年後見開始届は全て窓口に届け出ることによって戸籍への記載手続がなされていた。しかし，同改正以降は遺言による指定（民法839条）の場合と，離縁による指定（民法811条5項）の場合を除き，家庭裁判所から戸籍記載嘱託書が市町村長に送付される形で戸籍への記載手続が行われる（家事事件手続法116条）。

遺言又は離縁による指定の場合で窓口届出をする場合には，指定されて10日以内に開始届及び遺言状の謄本又は離縁届と審判書を，本人の本籍地又は届出人の所在地の戸籍窓口に提出する必要がある（戸籍法25条1項）。

財産管理に関しては，選任された未成年後見人は，引き継がれた資料を基に調査を行い，財産目録と年間収支予定表を作成し，家庭裁判所に対して初回の報告書を提出する。ここから，後見事務を開始し，通常年に1度指定された書式に則った報告を行い，現行法においては未成年者が20歳を迎えるまで継続することになる。

第2　未成年後見人の家庭裁判所への報告義務

1　財産目録の提出

未成年者は未成年後見人によって財産を管理されることになる。この管理が適正であるよう監督するのは家庭裁判所であり，家庭裁判所は，未成年者の財産状況について，段階に応じた報告を受けることで，把握・監督していくことになる。

35

(1)　**未成年後見申立時**

　　未成年者の財産管理は，実質的には未成年後見申立時における財産目録の提出から始まり，家庭裁判所はその財産の内容や未成年者の心身の状況等によって親族を選任するか，専門職の後見人を選任するか，更に，未成年後見監督人も選任するかを決定する。

　　上記の決定のために，家庭裁判所による未成年後見人選任の申立てにおいて（民法840条1項），選任申立書及び申立事情説明書に記載される形で，未成年者の財産状況が裁判所へ提出されることになる。

　　この段階における報告は，申立人に判明している範囲内で行うものであり，正確な情報は要求されていない。未成年後見人選任の申立ては未成年者本人，親族その他利害関係者が行うことができるものであるが，これらの者には未成年者本人の財産状況を正確に把握するだけの法的な権限がないことが通常であることに基づく。また，遺言による指定によって未成年後見人に就任した場合（民法839条1項）は，未成年者の財産状況を家庭裁判所に報告する機会はない。したがって，遺言によって未成年後見が開始した場合には，家庭裁判所がその事実を把握することができないこととなる。未成年後見人の権限が大きいことからして，家庭裁判所の監督下に置くための措置が必要ではないかが問題となるが，現在は遺言による未成年後見の数自体が少ないことから顕現化していない状況にある。

(2)　**未成年後見人選任がなされた段階**

　　未成年後見人は，就任後，未成年者の財産を調査し，その目録の作成をしなければならないとされている（民法853条）。これはいわゆる初回報告と呼ばれるものであり，具体的には，家庭裁判所の指定する財産目録及び未成年者の年間収支予定表の作成が求められる。

　　初回報告に関する規定は，後見人就任直後の未成年者の財産状況を確認し，未成年者の諸々の支出を把握，今後の財産管理への準備としつつ，未成年後見終了時点における計算（民法870条）に備えるために設けられたものである。このような趣旨からすれば，年間収支予定についても，1円単位まで正確に作成されることが求められているわけではなく，今後の生活を成り立たせるだけの資産があるのか，収支が赤字続きであったとすれば

いつ資産が底をつく見込みなのかなどといったことを確認できればよいものと考えられる。

未成年後見人就任直後に，当該未成年者の資産を全て把握するのは困難である。一般に，財産状況の報告を選任1か月以内にすることとされているが，この期限を守れない場合もある。この場合，期間伸長に関する審判を得なければならないことに注意が必要である（家事事件手続法別表第一の77項）。なお，東京家庭裁判所の場合，かかる審判を得るための手続については，上申書（連絡票）の提出で足りる（未成年後見人が選任された際，同人に対して東京家庭裁判所が配布しているパンフレット「未成年後見人Q&A」参照。なお，このパンフレットは，東京家庭裁判所ウェブサイト上の「後見サイト」から閲覧・ダウンロードすることが可能である）。

(3) 初回報告以降

初回報告以降，未成年後見人は，未成年者の財産状況について，定期的に家庭裁判所へ報告しなければならない。これは，定期報告と呼ばれるものである。

東京家庭裁判所の運用を例にとると，未成年者ごとに報告月が設定され，年1回の財産状況報告が義務付けられている。未成年後見人は，報告月の前月末日時点の財産状況を，報告月の翌月15日までに，財産目録という形で家庭裁判所又は未成年後見監督人に提出しなければならない。未成年後見人は，期限を遵守して定期報告を行わなければならない。なお，未成年後見人に病気等で提出が困難な事情が生じた際には，適切な方法によりその旨の連絡を入れることが必要である。

現在，東京家庭裁判所は，定期報告時の収支状況報告書の提出を求めていない。しかし，未成年後見業務終了時，結局計算報告の義務があること，なにより未成年者の適切な財産管理の面からしても，収支状況報告書は毎年作成しておくことが適当であろう。

(4) その他

そのほか，未成年後見人には，未成年者が相続・遺贈等により包括財産を取得した際にも報告の義務がある（民法856条）。また，未成年後見人が未成年者に対し債権・債務を有している場合，未成年後見人は後見監督人

にその事情を報告しなければならないとされている（民法855条）。

　ただし，財産管理が適正であることを担保するという意味においては，未成年後見人は，判断に迷うことがあれば，法律上の定めがあるか否かを問わず，随時，家庭裁判所へ連絡をしておくべきと言える。

2　不適切な財産管理に対するペナルティ

　未成年後見人が初回報告や定期報告を提出期間内に提出しなかった場合，家庭裁判所は，監督強化のための種々の手段を講じることがある。具体的には，後見事務や財産状況の確認を職務とする調査人や後見人の追加選任，後見監督人の選任などであり，最悪の場合，未成年後見人に解任事由があるものとの判断を下すこともある。

　このように，未成年者の財産状況の監督に関して，家庭裁判所は非常に厳格な姿勢で臨んでおり，未成年後見人としては不適切な財産管理にならないよう，各報告にも細心の注意を払わなければならない。

　なお，未成年後見人が自身のために未成年者の財産を費消したなどという事態が生じた場合，未成年後見人は民事上・刑事上の責任を負うことになる。未成年後見人は，財産管理についての善管注意義務を負っているのであり（民法869条，644条），かかる義務違反が認定された場合，未成年者に与えた損害を賠償する義務を負うこととなる。つまり，未成年後見人には，親権者に課された以上の注意義務をもって財産を管理することが求められている（民法827条）。

　未成年後見人の未成年者の財産費消行為は，業務上横領罪（刑法253条）として，刑事上の責任を追及されることもある。このとき，親族が未成年後見人となっていたとしても，親族相盗例（刑法255条，244条）の適用はないことに注意が必要である（最一小決平成20年2月18日刑集62巻2号37頁）。

第3　後見制度支援信託

　後見制度支援信託とは，後見人からの被後見人の財産の横領を防ぎ，適切な財産管理を行えるよう，財産の管理を信託銀行に任せるというもので，家

第5章　未成年後見の実務

庭裁判所が運用する制度である(成年後見・未成年後見において利用できる)。

　現行において，後見制度支援信託を利用するためには，新たに専門職後見人の選任が必要とされている。この専門職後見人が後見制度支援信託の必要性を検討し，必要との判断が下された未成年後見人と信託銀行間の契約締結を経て，後見制度支援信託が開始する。多くは，1か月間に支出する金員が計算され，その範囲での一定額の未成年者の預貯金を未成年者が保管するにとどまり，それ以上は信託銀行において信託されることになる。

　つまり，後見制度支援信託の利用が開始すると，財産の多くは信託銀行に信託され，未成年後見人の手元を離れる。未成年者に支出する必要が生じた場合には，未成年後見人が家庭裁判所が発行する指示書を求める必要がある。同指示書があれば，未成年後見人が当該財産を払い戻すことができる。これは，未成年後見人の横領等に対する強力な防止策となる。

　もっとも，現在，未成年後見において後見制度支援信託が利用されているケースは少ないと言われている。その理由としては次の2点が考えられる。

　まず，未成年後見人の横領等の不祥事を防ぐことが本制度の目的であることから，ある程度の資産がなければ制度を利用するメリットがないということが挙げられる。そもそも，相当額の資産を有する場合でなければ信託できないことや，信託銀行に対する報酬も発生することもあり，検討すべき件数は少ないと言われている。

　次に，未成年後見人が親族であって未成年者の資産が多い場合には，法律の専門職から未成年後見監督人を選任して複数で担当させることが，未成年後見においては適していると家庭裁判所が考えているのではないかと推測される。さらに，未成年後見申立件数自体が少ないことから，未成年後見人や未成年後見監督人を法律の専門職から選任する際には，ある程度，特性・専門性・公平性を判断して専門家を選任していることがあるのではないかと考えられる。

　しかし，今後，未成年後見人の件数が増加した場合には，同制度を使うという余地はあるものと考える。

39

第4 未成年後見人と戸籍

　成年後見制度と未成年後見制度とで大きく異なる点の1つに，被後見人の戸籍の記載がある。

　成年後見の場合，成年後見人選任の前後で成年被後見人の戸籍に変化はない。成年後見人は，自己の身分を，法務局が発効する登記事項証明書によって証明することができる。

　他方，未成年後見の場合，未成年後見人には成年後見人における登記に該当するものが存在しない。代わりに，被後見人の戸籍に，未成年後見人選任の審判があったことが記載されることになる。現在の法制度上，未成年後見人が対外的に自己が未成年後見人であるという身分を証明しようとした場合，この戸籍によって証明するほかない。

　かかる制度の問題は，未成年後見人の名前や戸籍情報について，未成年者の戸籍を見れば確認できてしまうという点にある。未成年後見が必要なケースの中には，未成年後見人が未成年者の親族等との間で何らかのトラブルを抱えることがあり得る。例えば，過去に未成年者の父母や親族または未成年者に対して不満を抱えて，攻撃的な行動やいわゆるクレーマー的な行為をする問題のある人物がいる場合もあり得る。

　未成年者に対して，法律家や福祉担当者等の専門職を未成年後見人に選任した場合，そうした人物に未成年者の戸籍から未成年後見人の自宅住所等を知られかねないこととなる。現行の未成年後見の戸籍に関する法律は，問題を多く抱えている未成年者に，適切な未成年後見人を就任させることをためらわせる要因となっていることは否めない。

第5 未成年後見人の報酬

　未成年後見人は，職務を行った場合でも，独断で未成年者の財産から報酬を受け取ることはできない。家庭裁判所に対し，報酬付与申立てをして，家庭裁判所の決定を得て初めて報酬を受け取ることができる。通常，裁判所への定期的な報告と併せてこの報酬付与申立てを行うことになる（民法862条）。

第5章　未成年後見の実務

　なお，親族の未成年後見人の場合には報酬を得ることを想定していないことが多いと思われるが，親族であっても報酬請求をすることは可能である。

　報酬付与申立てがなされた場合，家庭裁判所は，当該未成年後見人にふさわしい報酬額を決定し，その内容を明示した審判書を作成する。かかる審判を経て，未成年後見人は，自身が管理している未成年者の財産から報酬を受け取ることができるようになるのである。

　この報酬額については，明確な基準が示されているわけではない。未成年後見人としての業務が多くはなく，管理する財産が多額でもないケースであれば，月2万円程度が基準となるようであるが，あくまで参考値でしかない（東京家庭裁判所の報酬基準）。報酬額は，管理している資産の規模や未成年後見人としての業務の量等の総合判断であり，事案により区々である。

　また，上記から明らかな通り，未成年後見人の報酬の原資は，未成年者の資産である。したがって，専門職等が未成年後見業務を行ったところで，報酬の原資たる未成年者の資産がなく，その労力に見合った報酬を受け取れないなどといった事態は十分にあり得る。報酬が見込めないからといって未成年後見人としての職務を懈怠するなどということはあってはならないことであるが，現状として制度上の不備があることは否めない。未成年後見人の報酬については，今後，何らかの対策が必要な点であることは確かである。

　なお，各都道府県や市区町村において，未成年後見人の報酬に関する援助事業が用意されている場合もある。その場合，未成年者本人の資産や現在の居所など援助に関する様々な要件が設定されていることが多いので，確認が必要である。市区町村長申立てによる未成年後見選任のケースにおいては支援事業が制定されており，一定額の報酬が認められる。

第6　専門職が未成年後見人に就任することの意義

　元来，弁護士等の専門職の職務は，当該紛争の解決をもって依頼者との関係が終了するのが通常であり，以降，継続的に依頼者との関わりを職務として持ち続けることは想定していない。すなわち，依頼者との関係は，事件毎が基本である。

41

他方，福祉的ないし教育的な視点が必要な案件，例えば，DV事件・児童虐待事件・いじめ事件等においては，依頼者の法律や経済的な側面のみならず，その生活全般を支えることも意識して，依頼者（対象者）の状況に応じた継続的なサポートをすること，いわば線として問題に関わることが要求されている。つまり，弁護士等の専門職であっても，依頼者に対し，心理的及び福祉的，場合によっては教育的な側面からの継続的サポートを供給することになる。しかし，実際には法律的な判断が職務である弁護士等の専門職が，これらのマインドを必要とするサポート，サービス提供を十分になし得るかについては軽々に肯定することは疑問である。

　しかしながら，一定件数，弁護士等の専門職が求められる事案があることも否定できない。その場合，未成年後見人は，未成年者が成人に達するまでの間，継続的に身上監護，財産管理の業務を行うことになる。制度として，未成年者に継続的に関わることを重く受け留めるべきであろう。

　専門職として，未成年後見人として，未成年者との関わりを職務として持ち続けられるという点には大きな意義があると言える。特に，後見が必要とされるような未成年者については，本人やその周囲に法的な問題が山積していることも多い。未成年者が断続的に法的紛争に巻き込まれてしまうことを予防し，迅速に対応できるようにするためにも，未成年後見制度を専門職が活用することは有用である。

　専門職が未成年後見人に就任することは，法的サービスと福祉的サービスの両面を供給，ひいては子どもの人権を保護することにつながる。なお，前述の通り，多様な問題に関して，自己のなし得る限界を認識し，専門職後見人のみで完結するのではなく，他の親族や教育関係者，福祉関係者と連携をとって，未成年者を理解し，その心身の発展のためその問題を解決し，未成年者の健全なる成長に資することが望まれる。

第6章　監護教育の委託

第**6**章

監護教育の委託

第1 第三者への監護教育委託

　親権者が第三者に監護教育を委託することが実際上，用いられている。古くから幼子を里子に出して養育を委ねるという里子慣行である。

　児童福祉法も，児童福祉の措置のための方便の1つとして里親ないし保護受託者に養育を委託する制度を規定しており（児童福祉法27条1項），幼児に限ることなく，広く子の監護教育を第三者に委託するのは子の福祉に反しない限り，公序良俗に反するものではなく有効と解され（於保不二雄＝中川淳編『新版 注釈民法㉕親族(5)［改訂版］』（有斐閣，2005）70頁〔明山和夫＝國府剛〕），判例もその有効性を前提として事案を処理している（最三小判昭和35年3月15日民集14巻3号430頁）。監護教育委託契約は，子を監護教育する権利義務を有する者が，その子の監護教育を他人に委託し，他人がこれを承諾することによって成立する契約であって，その内容は単に法律行為に限らず，むしろその内容は事実行為を含むものであることから，一種の準委任契約と見られる（山本正憲「里子契約」契約法大系刊行委員会編『契約法大系Ⅵ 特殊の契約(2)』（有斐閣，1963）296頁）。なお，後述の里親制度は，子の第三者への監護教育の委託の1種類である。

　子の第三者とは，親権者の親族（両親・きょうだい）である場合が多いが血縁以外の第三者の場合もある。この場合，親権者が子の監護教育を委託したとしても，その監護教育権を譲渡ないし放棄したとしてそれを喪失するものではない。

　監護教育委託の契約自体は有効に成立するものであるにしても，それが個々具体的な場合に，果たして親権の義務性に違反しているか否かについては，子の福祉の観点から委託の必要性の有無の判断としてなされなければな

43

らない。

委託契約の効果として，委託契約の内容は，公序良俗に反しない限り，当事者間の合意によって任意に決定し得る。委託期間や報酬の有無ないし程度，養育費支払の程度・方法等も契約内容として決められることとなる。また，受託者の監護教育上の地位権限も同様である。

第2 監護委託契約の解消

委託契約は，約定されている期間が満了した場合や対象児童の死亡によって終了する。しかし，対象が子どもの監護であり，合理的な経済活動ではないことから，子の心情や環境によっては，期間満了をもって当然終了とするのではなく，その必要性等，子の福祉を最優先にして終了時を検討すべきであろう。同様に，これが委託契約であることから，期間の定めのあるなしにかかわらず，当事者がいつでもこれを解除することができると解されるのが通常である。しかし，対象が子どもであることから，委託契約が当事者間の信頼関係を基礎に置く契約であるからといって，委託者・受託者の二者のみで判断するのではなく，契約の解除・解消も当該子どもの利益を最優先にして考えるべきであろう。

第7章

未成年養子制度

第1 未成年養子制度の種類

　未成年後見人制度は，親権を行うものがいない未成年者に対して未成年後見人が法定代理人として就任して，いわゆる親代わりとして監護教育することが期待される制度であるが，当事者の意思によって親子関係そのものを作り出す制度として，養子縁組制度がある。ここで，未成年者を養子とする制度について概観しておく。

　未成年者の養子制度としては，普通養子縁組と特別養子縁組の2種類がある。

　普通養子縁組は，養親と養子の合意とその届出に基づいて行われる通常の縁組である。養子が未成年者である場合には，法定代理人は親権者であるから，親権者と養親となる者との間の合意で行われることになる。

　特別養子縁組は，「家庭裁判所は，次条から第817条の7までに定める要件があるときは，養親となる者の請求により，実方の血族との親族関係が終了する縁組（以下この款において「特別養子縁組」という。）を成立させることができる」と定めている（民法817条の2）。条文の規定からも分かる通り，特別養子縁組は，家庭裁判所による審判によって成立するものとして規定されている。家庭裁判所が後見的見地に立って当事者間の身分関係に介入し，養親子関係を成立させるものである点に照らすと，特別養子縁組は，現実の親子関係に外形上近づけようとする姿勢が窺える。

第2 | 普通養子縁組と特別養子縁組の相違点

1 目的規定

　普通養子縁組には，特段目的に関する規定は置かれていないが（民法792条），特別養子縁組については，民法817条の7に「父母による養子となる者の監護が著しく困難又は不適当であることその他特別の事情がある場合において，子の利益のため特に必要があると認めるとき」に限るという目的規定が存在する。

　普通養子縁組は，財産の相続や屋号の引継ぎなどに利用されることがあるが，特別養子縁組はこういった目的での利用は許されず，監護を主眼とした子の利益のためだけに用いられる制度だということになる。

2 実親との関係性

　普通養子縁組では，実父母やその血族との血縁関係が継続する一方，特別養子縁組では，実父母やその血族との親族関係は終了し，養親との関係のみが存続する。

　これに伴い，特別養子縁組では，未成年者単独の新戸籍を編成し，そこを経由して養親の戸籍に入籍させ，父母として嫡出子の表記である「長男」，「長女」を用いて記載される。戸籍上に「養子縁組」という表記は用いられず，「民法817条の2による裁判確定」と記載される。普通養子縁組の場合には，このような配慮はなされず，養子縁組であることが記載されている。

3 養子・養親の条件

　普通養子縁組の利用には養子の年齢に制限はないが，特別養子縁組の場合には，縁組請求時に6歳未満であることが求められている（なお，近時，特別養子縁組の対象年齢を上げることが検討されている）。

　養親については，普通養子縁組においては，成年であって養子の卑属でなく，養子よりも年長であることが条件である。そして，配偶者がいる場合には配偶者とともに共同縁組することが原則である。特別養子縁組では養親は

第 7 章　未成年養子制度

配偶者のいる者でなければならず，更に，一方が25歳以上であることが求められる（民法817条の4）。

4　離　縁

普通養子縁組は，当事者の合意と，子どもが15歳未満の場合には家庭裁判所の許可を得て成立するが，離縁は，当事者間の協議，調停，審判によって可能である（民法811条）。一方，特別養子縁組の場合の離縁については，虐待・悪意の遺棄・その他養子の利益を著しく害する事由があり，実父母が相当の監護が可能な場合において，養子のために特に必要があると認めるときに家庭裁判所の審判によってのみ離縁することが可能であり，養親から離縁請求をすることはできず，離縁のハードルが高くなっている（民法817条の10）。

第3 | 日本の養子制度の問題点

日本の家族制度においては，実親の権利が強い。普通養子縁組の場合，実親との血縁関係は切れないため，虐待等により親権者が親権を喪失したような場合であっても，未成年者は実親の扶養義務を負い，相続人に当たることから，親の負債を相続し得るなどの危険は拭えない。もちろん，相続放棄等の手続をすることは可能であるが，実親の問題を背負っていくリスクがあることは否めないのである。

また，特別養子縁組を実現しようとすると，親権者の同意が必要となる。親権者が同意しない場合には，親権を喪失させない限り実現し得ないため，実親が協力的でない場合には実効性がない。

いずれにしても，実親の存在が障害になりかねないという問題点が存在している（この点についても，現在法律の改正が検討されている）。

47

第**8**章

里親制度

第1 未成年後見制度と里親制度

　未成年後見制度は，「親権を行う者がない」又は，実親が「管理権を有しない」場合に，未成年者に対して法定代理人を選任するという制度である。未成年者を保護監督するという側面でこれと類似する制度の1つとして里親制度が存在する。

　未成年後見制度は，その主目的が未成年者の財産管理にあると言える。一方で，里親制度とは，「家庭での養育が困難又は受けられなくなった子ども等に，温かい愛情と正しい理解を持った家庭環境の下での養育を提供する制度」であると厚生労働省は説明している。財産管理という側面より，児童の養育や成長といった側面により主眼が置かれていることが特徴である。

第2 里親の種類と現状

　児童福祉法6条の4が定める通り，里親には養育里親，養子縁組を希望する里親，親族里親という種別がある。

　養育里親とは，要保護児童を養育するための研修や審査を経て，養育里親名簿に登録された者を言う。中には，被虐待や非行，障害等により，都道府県知事によって特に支援が必要と判断された児童を養育する専門里親も存在する。養育里親は，縁組等を目的としていないため，その養育期間は一定期間に限られており，一時保護的な意味合いが大きい。

　他方，養子縁組を希望する里親の場合，養子縁組を前提として養育を開始するため，後に縁組が実現すれば未成年者が成人するまで養育を継続することとなる。社会的養護の担い手とされる養育里親とは，制度上明確に区別さ

れている。

親族里親は，未成年者に対して扶養義務を負う親族やその配偶者等で構成され，両親の死亡や行方不明等で養育が期待できない場合に養育を行うものである。これらは先述の養育里親よりも，里親の役割が実の両親に近接しており，里親の家庭に未成年者を迎え入れるという仕組みである。平成23年の児童福祉法施行規則の改正以前は，三親等以内の親族が親族里親の要件であったが，同改正によって，扶養義務を負っていない親族については，三親等以内であっても親族里親ではなく養育里親として扱われることとなった。

いずれにおいても，養子縁組が成立しない限りは，里親はあくまで行政機関による委託下で養育を担うに過ぎず，里親と未成年者の間に法的な親子関係が生じるものではない。有期の親子関係であり，戸籍は別個であるため，戸籍法上の姓には変更はないことから未成年者の健康保険証やパスポートには，実親の姓が記載される。未成年者が生活をしていくに当たって，事実上里親の姓を名乗ることもあれば，戸籍上の姓を名乗ることもあるが，いずれの場合でも里親との姓の不一致が生じる。

平成28年度末時点での里親登録は1万1405件であり，うち4038件の里親に5190人の児童が養育された（厚生労働省ウェブサイト「福祉行政報告例」参照）。

第3 ファミリーホーム

また，里親制度と児童養護施設との中間的制度として，平成21年4月1日には小規模住居型児童養育事業（ファミリーホーム）が設立された。養育者の住居において行う点では里親制度と同様であるが，複数人の未成年者を養育することで未成年者間の相互作用をいかすことができる点は児童養護施設に近い側面も有している。平成28年度末時点で，313箇所のホームが設立され，1356人が養育されている（厚生労働省ウェブサイト「福祉行政報告例」参照）。

第4 里親推進の取組

何らかの事情で親権者による養育が期待できない未成年者に対する養護と

して，里親・ファミリーホームにおける養育は16.5%と低い割合に留まっている。しかし，この割合はあくまでも全国平均であり，都道府県によっては委託率が30〜40%を超えている自治体もあると言う。

　厚生労働省は，平成23年に「里親委託ガイドライン」を発出し，積極的に里親制度を活用するよう推進しており，このガイドラインを受けて児童相談所の運営指針も変更された。児童相談所の運営指針においては，特に父母が死亡したり長期間行方不明であったりする場合には，里親への委託を積極的に検討するよう記されている。さらに，里親委託推進員や委員会を設けて里親委託推進事業を実施することや，研修・訪問援助・相互交流によって里親を支援することも指針に挙げられている。委託率の高い自治体の取組事例を全国に普及させる活動なども行われており，厚生労働省は児童養護施設から里親制度への移行を図っている。

第9章　未成年者に関わる組織や制度

第**9**章

未成年者に関わる組織や制度

第1 家庭裁判所

　未成年後見制度の手続の中心にあるのは家庭裁判所である。

　地方裁判所等が法律に基づいて民事上の紛争の解決を目指す一般的な司法機関であるのに対し，家庭裁判所とは，家庭内におこる紛争や問題を解決するための機関である。家庭におけるトラブルの多くは，傍聴を原則とする公開の場における手続で解決することになじまない。このような紛争については，人間関係の調整を図ることこそが，終局的なトラブル解決に資するものと言える。

　このため，家庭裁判所には，地方裁判所等には存在しない，家庭裁判所調査官という法律の専門家とは異なる役割を果たす役職者が用意されている。家庭裁判所調査官とは，心理学，社会学，社会福祉学，教育学等の専門的・科学的見識を有する者であり，この調査官が家庭裁判所内における各種手続に関わることで，事件の柔軟な解決が図られているのである。

　家庭裁判所では，夫婦関係や親子関係の紛争に関する調停や審判，人事訴訟のほか，非行を犯した未成年者に対する処遇を決める少年事件手続等が取り扱われている。未成年後見を含む後見手続一般についても，公開になじまない家庭内の問題であり，上記審判の1つとして，家庭裁判所が取り扱うべきものとされている。

第2 児童相談所

　児童相談所とは，各都道府県に設置された児童福祉専門の行政機関である。児童相談所については，児童虐待に関する対応機関というイメージが持たれ

51

ることも多いが，児童虐待のみを専門に扱う機関ではない。児童の養護・保健・育成等に関する相談も担っている。児童相談所が支援の必要な児童を発見した場合，児童福祉司（ケースワーカー）や児童心理司，医師等が当該児童に対する対応を検討し，適切な支援が受けられるように体制を整えていくことになる。当該児童だけでなく，本人を取り巻く環境に対し，行政が支援に関する情報を提供していくための機関と言えよう。

　なお，児童相談所長は，支援の必要な児童について，未成年後見開始の申立てを行うことができる。児童福祉の観点から，児童本人以外の者が財産管理等を行った方がよいと判断された場合，上記適切な支援の一環として，未成年後見制度が利用されることになるのである。

第3 児童養護施設

　児童養護施設とは，支援の必要な児童について，環境上の養護が求められている場合に，当該児童が入所することになる施設である。児童養護施設での養護が必要か否かについては，児童相談所長が判断するものであり，かかる判断に基づき，都道府県知事による入所措置決定が下されることになる。

　児童養護施設は，児童福祉法に存立の根拠を持つ施設であるが，同法における「児童」とは，満18歳に満たない者のことを指す（児童福祉法4条柱書）。したがって，児童養護施設は，原則的に満18歳に満たない者の養護を目的とした施設なのである。

　満18歳以上の未成年者については，あくまで例外として措置を継続することができるのみというのが法の建前である（児童福祉法31条）が，18歳，19歳の未成年者がいきなり社会に放り出されたとして，安定的な生活を送ることは相当に難しい。そもそも児童養護施設は，対象児童が，一般家庭の児童と公平なスタートラインに立ち，最終的に社会で自立できるようになるための施設である。したがって，満18歳で明確に区切り，未成年者を社会に放り出すなどという運用は適当ではなく，対象児童が満18歳を超えたとしても，自立を促すために必要であれば，継続的な支援が児童養護施設において施されるべきだとされている。

第9章 未成年者に関わる組織や制度

具体的には，大学や専門学校に進学，若しくは就職等をした児童に対する継続的な支援である。満18歳を超え，進学・就職を成し遂げたとしても，生活を安定させることができず継続的な養育を必要とする者に対しては，積極的に児童福祉法31条の規定を活用し，満18歳を超えて満20歳に達するまでの間，当該児童の児童養護施設における措置を延長すべきとの運用が求められているのである（「児童養護施設等及び里親等の措置延長等について」平成23年12月28日雇児発1228第2号厚生労働省雇用均等・児童家庭局長通知）。

第4 子ども家庭支援センター・要保護児童対策地域協議会

児童福祉法によれば，市区町村は，児童の福祉に関し，必要な実情を把握した上，必要な情報を提供し，家庭などからの相談に応ずることとされており，これらの業務・支援を行うための拠点の整備をしなければならないとされている（児童福祉法10条，10条の2）。子ども家庭支援センターとは，かかる法の要請を受け，市区町村が設置する団体であり，当該地域内の子どもと家庭に関するあらゆる相談に応じ，その問題に対して適切に対応することを役割としている。

また，要保護児童対策地域協議会とは，児童福祉法25条の2に基づき，地方公共団体が設置することを求められている機関であり，児童相談所等の児童福祉関係者や医療機関関係者，教育機関関係者等が集まり，問題が発覚した未成年者への対応を協議する機関である。

一般に，問題を抱えた未成年者は，様々な要素が絡み合った状態となっていることが多い。したがって，当該未成年者に対するアプローチの仕方は，全ての機関で同じというわけにはいかない。とはいえ，当該未成年者に対して各機関がバラバラに対応したとしても，効果的な支援とならないことは自明である。そこで，子ども家庭支援センターは，当該未成年者についての情報を一元化し，連携の取れた対応・支援を行えるよう，各機関に対する調整役としての役割を担っており，要保護児童対策地域協議会における調整役も請け負っている。このように，子ども家庭支援センターは，地域において日々相談を受け，若しくは問題児童に関する通告を受けることで，各機関へ

53

の連絡，場合によっては児童相談所への送致等，未成年者に対する保護の最前線に立つことが，期待されている機関である。

第10章　民法成年年齢改正

第10章

民法成年年齢改正

第1　18歳成年

　平成30年6月13日に，「民法の成年年齢を20歳から18歳に引き下げること等を内容とする民法の一部を改正する法律（平成30年法律59号）」という重要な法律が成立した。この改正は，平成34（2022）年4月1日から施行される。

　民法の定める成年年齢は，単独で契約を締結することができる年齢という意味と，親権に服することがなくなる年齢という意味を持つが，この境目は，明治29年に民法が制定されて以来，「20歳」と定められてきた。ちなみに，我が国の歴史では，明治9年の太政官布告によって，成年は20歳とされており，成年の年齢が見直されるのは，約140年ぶりである。法務省ウェブサイトによれば，今回の改正の趣旨は，「18歳，19歳の若者が自らの判断によって人生を選択することができる環境を整備するとともに，その積極的な社会参加を促し，社会を活力あるものにする意義を有するもの」とされている。なお，現行民法では女性の婚姻開始年齢は16歳と定められており，18歳とされる男性の婚姻開始年齢と異なっていたが，今回の改正では，女性の婚姻年齢を18歳に引き上げ，男女の婚姻開始年齢を統一することになった。このほか，年齢要件を定める他の法令についても，必要に応じて18歳に引き下げるなどの改正を行っている。

第2　民法改正の意義

　ここまで述べてきた通り，民法は，「未成年者に対して親権を行う者がないとき，又は親権を行う者が管理権を有しないとき」に未成年後見制度が開

55

始されると定めている（民法838条1号）。未成年後見制度は，成年者について，精神上の障害（認知症・精神障害等）によって判断能力（事理弁識能力）が低下した人を保護する成年後見制度とは異なり，親権に服する未成年者に親権者がいない場合に，広く一律に「未成年者を保護する」制度であり，民法施行当時（明治時代）から存在している。

そのため，「成年」年齢を何歳にするかという問題は，未成年後見制度の適用時期に直接関係し，成年年齢が引き下げられると，これまで20歳未満の者に選任されていた未成年後見人による保護が，18歳になった途端に終了してしまう。そればかりか，18歳になると成年とされ，未成年後見人になることもできることになる。

　今回の成年年齢の改正（引下げ）には多くの議論があったが，選挙権は既に18歳に引き下げられていることもあり，国民の意見を反映した立法府（国会）の判断である。一方で，未成年後見制度自体が世間一般ではあまり知られていないが，同制度を利用している未成年者は確実に存在しており，ここ数年は専門職後見人の選任数も増加傾向にある。そこで，以下では今後の未成年後見業務（財産管理と監護養育）について，専門職として留意するべき視点を簡潔に述べておく。

第3 財産管理

　親権者のいない未成年者に対する財産管理は，中学卒業時（15歳）と高校卒業時（18歳）で非常に重要になる。特に18歳時では進学するか就職するかについての選択は，その後の未成年者の人生に大きな影響を与える。しかし，民法の成年年齢が18歳に引き下げられた結果，未成年後見人が選任されている未成年者は，その大半が高校在学中に未成年後見が終結し，預金口座や現金等を自分で管理しなければならなくなる。そして，急に自己管理を委ねられた財産を前提に，進学や就職を成年者として1人で選択しなければならない。また，未成年者は，高齢者と同じかそれ以上に財産侵害（窃盗・横領・詐欺等）の被害を受ける危険性が高いことが指摘されており，成年に達して未成年後見人がいなくなると，そうした被害を受ける危険性が益々増えるの

ではないかという懸念もある。このような問題は，第２編の事例解説でも検討するように，親権者死亡後に遺産分割協議が必要な若年層について，従来では弁護士等の専門職未成年後見人が選任されていた18歳・19歳のケースで，特に懸念される。

第4 身上監護（未成年者の自立）

　身上監護においては，民法の成年年齢の問題とは別に，本来は，人はその発達段階において，どの段階で自立し社会的に「成年」になると言えるのか，逆に言えば，何歳まで保護される立場なのかという視点が常に必要である。これは，親権者のいる子どもでも，未成年後見人が選任されている子どもでも変わらない。高校卒業時の18歳で自立する子どももいれば，大学卒業後（22歳超過年齢）でも，自立には程遠い若者もいる。むしろ，未成年後見の実務では，親権者のいない子どもについては，18歳段階での進路選択に限らず，より長期的にかつ手厚く保護されるべきと考えられる事案が多いようにも見える。実際，児童福祉施設のうち，児童養護施設（虐待されているなど保護を要する児童の入所施設）・児童自立支援施設（不良行為を行ったり又はそのおそれがあったりし，非行傾向が進んだ児童の入所施設）・児童心理治療施設（軽度の情緒障害を持つ児童の入所施設）は，児童福祉法上の「児童」が18歳未満とされていることから，入所は18歳までを原則としていたが，現在では法律上20歳までの在所も可能となっている。また，18歳で退所する際にも，その後の後ろ盾や相談相手となるように，弁護士等が専門職後見人として選任され，代理人として活動しているケースも多い。今回の改正とは逆の流れではあるが，18歳が自立する（べき）年齢として制度設計されている児童福祉の分野においても，現に18歳を超過した年齢の者に対して，身上監護（監護養育）について保護が必要とされているのである。

第5 若者の保護

　こうした社会実態からすると，成年年齢を18歳とした今回に改正について，

「18歳，19歳の若者が自らの判断によって人生を選択することができる環境を整備するとともに，その積極的な社会参加を促し，社会を活力あるものにする意義を有する」との趣旨はその通りであるとしても，専門職としては，未成年後見制度が必要となる対象には，18歳以上の若者も含まれているとの視点は重要である。

　もちろん，未成年者が18歳の段階で公務員（自衛隊等）や住み込みの仕事（職人等）で立派に就職して自立しているケースもあり，こうした場合には未成年後見人が関与する必要はない。しかし，大半の未成年後見の事案，特に，高額財産管理や福祉的対応を要する身上監護においては，18歳の誕生日をもって未成年後見が終結することで，本来の機能である未成年者の「自立までの保護」が図れなくなるという懸念は出てくる。

　そのため，今後（平成34（2022）年4月以降），実際に成年年齢が18歳に引き下げられた場合には，保護を要する子ども達（従来の18歳・19歳の未成年被後見人）に対して，何らかの手当てをする必要性が出てくると考えられ，場合によっては別途の法整備も求められる。

　法務省でも，こうした指摘を受けて，「成年年齢の引下げに向けた環境整備のための様々な取組を行ってきたところですが，こうした環境整備のための取組は，今後も引き続き取り組むべき課題であると考えています。今後の民法の成年年齢引下げを見据え，そのための環境整備に関し，関係行政機関相互の密接な連携・協力を確保し，総合的かつ効果的な取組を推進するため，成年年齢引下げを見据えた環境整備に関する関係府省庁連絡会議において，これらの課題に取り組んでいきます」として，連絡会議が開催されている。

第2編
事例解説

Ⅰ　未成年後見制度とは

Ⅱ　財産管理

Ⅲ　身上監護

Ⅳ　終　結

Ⅴ　その他

I 未成年後見制度とは

I
未成年後見制度とは

1 申立手続（典型事例）

> 　未成年者Aは，父母が離婚した際，母を親権者と定めたが，その後母は病気により死亡した。
> 　Aに未成年後見人を選任するにはどのような手続が必要であろうか。

ポイント

　親がいない子どもに対する未成年後見人の選任手続及び関連する制度を紹介する。

- ☐ 未成年後見制度が適用される場面
- ☐ 審判申立ての端緒
- ☐ 遺言による未成年後見人の指定
- ☐ 未成年後見申立人
- ☐ 費用の援助
- ☐ 成年後見制度（審判開始）との違い
- ☐ 審判の効力

1 未成年後見制度が適用される場面

　未成年後見は，未成年者に対して親権を行う者がないとき，又は親権を行う者が管理権を有しないときに開始する（民法838条1号）。

　「親権を行う者がないとき」とは，法律上親権を行使する者がいない場合と，事実上親権を行使することができない場合がある。

　法律上親権を行使する者がいない場合には，親権者の死亡や失踪宣告，親権の喪失・停止・辞任，親権者について成年後見が開始したときなどがある。

61

対して，事実上親権を行使することができない場合には，親権者の行方不明，長期不在，心神喪失，精神病による長期入院，心身の著しい障害，受刑等が該当する。

「親権を行う者が管理権を有しないとき」とは，親権者に管理権喪失の審判がされた場合や親権者が管理権を辞任した場合である。この場合は，管理権（財産管理権）のみを行う親権が開始し，管理権を有しない親権者は身上監護権を行使する。

なお，民法上は，未成年後見は成年後見とは異なり，上記の後見開始事由が生じると，審判を経ることなく，当然に開始すると解することができる（民法838条1号）。もっとも，親権者がいなくなった未成年者は，親族や児童養護施設等によって事実上保護され，監護養育されていることが多いため，民法上は未成年後見が開始しているにもかかわらず，実際上は未成年後見人が指定・選任されていないというケースが多い（未成年後見人が選任されているのは年間2000件程度に過ぎない（第1編第4章参照））。

(1) **親権を行う者がないとき**

未成年者は父母の親権に服するが，親権は，父母の婚姻中は，父母が共同して行うこととされている（民法818条1項，3項本文）。そして，共同親権を行使している父母の一方が親権を行使できなくなった場合には，他の一方が行う（民法818条3項ただし書）。したがって，父母が婚姻中であり，未成年者が父母の共同親権に服している場合，親権者の一方に前述の各事由（死亡や失踪宣告等）が生じたとしても，他方が親権を行使できるときは，「親権を行う者がない」ことにならないので，未成年後見は開始しない。

他方，父母が離婚すると，その協議（協議が調わない場合には裁判）により，いずれか一方を親権者と定め，その親権者の単独親権となる（民法819条1項，2項）。このような場合は，当該未成年者の親権者は1人しかいなくなるため，その親権者に前述の各事由（死亡等）が生じると，親権者とはならなかった父又は母が存命であったとしても，未成年後見の開始事由に該当し，未成年後見が開始すると解されている。

したがって，本事例の場合も，未成年者Aの親権者である母が死亡した

ため，Aに対して「親権を行う者がない」ことになり，未成年後見の開始事由に該当する。離婚した実父が健在の場合でも，離婚の際に親権者ではなくなっているため，母の死亡によって，当然に父の親権が復活するものではないことには注意が必要である。

　では，生存親である実父が，離婚の際に親権を諦めたものの，親権者母が死亡したのであれば，自分が親権者として監護養育したいという希望を持つ場合はどうするべきか。そのような場合には，生存親（実父）が，親権者死亡後に親権者変更（民法819条6項）の審判を申し立て，自己に親権者を変更するよう求めることも実務上認められている。よくあるケースは，未成年者が死亡した親権者の父母（未成年者にとっての祖父母）の下で養育されているような状況で，生存親が親権者変更を求めるような事例である。判例においても，非親権者の実親が，後見人と同等かそれ以上の監護養育の適任者であり，親権者を変更しても子の利益が確保できる場合には，民法819条6項を準用して親権者を変更することができるとした事例がある（佐賀家唐津支審平成22年7月16日家月63巻6号103頁）。

　もちろん，生存親は，未成年被後見人の親族であるから，親権者変更ではなく，未成年後見人に自分を選任するよう求めて未成年後見人選任の審判を申し立てることもできる。

　なお，非嫡出子の親権者の場合は，父母の協議で父を親権者と定めたときに限り，親権者を父とすることもできるが，原則としては母の単独親権である（民法819条4項）。したがって，この場合に母が死亡するなどして，未成年後見の開始事由が発生したときは，離婚後の単独親権者の死亡等の場合と同様，父が当然に親権者になるのではなく，未成年後見が開始することになる。また同様に，父が親権者変更を求めたり，父が未成年後見人の選任を申し立てたりすることもできる（静岡家沼津支審平成2年3月5日家月42巻8号81頁は，民法819条5項を準用して父を親権者に指定した）。

⑵　親権を行う者が管理権を有しないとき

　親権者は，未成年者に対する身上監護権と財産管理権を有しているが，財産管理権を何らかの理由で有しない場合には，未成年者の財産管理権を親権者以外の者が行う必要がある。この場合，未成年後見人は財産管理権

のみを行使し，身上監護権は親権者が行使する。

財産管理権を有していない場合とは，親権者の財産管理権の行使が困難又は不適当であることにより未成年者の利益を害するとして管理権喪失の審判が行われた場合（民法835条）や，やむを得ない事由で家庭裁判所の許可を得て財産管理権を辞任した場合を言う（民法837条）。

2　審判申立ての端緒

(1)　親権者死亡の場合

未成年後見が開始する典型的な例は，親権者の死亡（両親の死亡や単独親権者の死亡）である。ただし，前述の通り，当該事由の発生により未成年後見が開始するものの，当然に未成年後見人が選任されるわけではなく，あくまで家庭裁判所に対して未成年後見人の選任を申し立てる必要がある（民法840条1項には職権での選任が定められていない）。

したがって，未成年後見開始の事由が生じた後，遺産分割や保険金の受領，入学・就職等に際しての諸手続，あるいは未成年者の日常的な監護養育など，未成年者が生活する様々な場面で，法定代理人が必要となる場面に遭遇すれば，未成年後見人の選任申立てがされるが，そうでなければ，法定代理人が存在しないままの状態が続くことになる。

確かに，このような場合でも，実際上は親族や児童養護施設等が関与し，未成年者を保護ないし監護養育していることは多い。しかし，親族の場合には未成年者の財産を自己のために使ってしまったり，施設の場合には対象人数が多いため十分に目が行き届かなかったりなどの問題も多く，未成年者の権利利益の保護という観点からは，現状では全く不十分である。実務上は，例えば未成年者に親権者がいない状態というのは，未成年者の実生活（監護養育状況）を確認しなくとも，親権を行使していた者，通常は戸籍上の筆頭者（父や母）が不在（除籍）となった場合には容易にわかるのである。そうした状況を確認した利害関係者は（行政機関を含む），未成年後見が開始されるべき状況であることを認識し，積極的な未成年後見制度（審判申立て）の利用を促すべきである。

Ⅰ　未成年後見制度とは

(2)　親権の喪失・停止の場合

　未成年後見の開始事由である，親権を法律上行使できない場合には，親権者死亡のほかにも，親権が喪失・停止した場合が含まれる。

①　親権の喪失

　親権の喪失とは，親権の全部を消滅させることである。

　全ての親権者は，未成年者に対して適切に親権を行使しなければならないが，中にはそれができず，身体的虐待，心理的虐待，性的虐待，養育放棄（ネグレクト）等，未成年者の福祉に反する事態が生じることもある。このような場合には，親権者の親権を喪失させ，別の者に未成年者の監護養育を委ねるべきことも想定される。

　そこで民法は，父又は母による虐待又は悪意の遺棄があるとき，その他父又は母による親権の行使が著しく困難又は不適当であることにより子の利益を著しく害するときは，家庭裁判所は，子やその親族等の請求により，その父又は母について親権喪失の審判をすることができると定めている（民法834条）。

②　親権の停止

　親権の喪失は，親権の全部が消滅するという非常に強い効果を持つことから裁判所としてもより慎重に判断する傾向があり，従来からなかなか利用しづらいという指摘がされていた。そこで，平成23年の民法改正により，親権喪失までには至らない程度のケースにおいて，適切な範囲で親権を制限するため，親権停止の制度が設けられた。親権停止とは，一定期間，親権の全部を行使することができなくすることであり，その期間中は親権が喪失したのと同様の効果が生じる。

　民法は，父又は母による親権の行使が困難又は不適当であることにより子の利益を害するときは，家庭裁判所は，子やその親族等の請求により，その父又は母について親権の停止の審判をすることができると定めている（民法834条の２第１項）。そして，家庭裁判所は，親権停止の審判をするときは，その原因が消滅するまでに要すると見込まれる期間，子の心身の状態及び生活の状況その他の一切の事情を考慮して，２年を超えない範囲で，親権を停止する期間を定めることになる（民法834条の

2第2項)。

　実務上は，子が必要な医療行為を受けさせてもらえない医療ネグレクトのケースなどで親権停止の制度が利用されることを予定している。

③　審判前の保全処分

　親権喪失や停止の審判が確定するまでの間に，親権者によって未成年者の利益を害する行為が継続するおそれが高い場合には，保全処分として，親権者の職務執行停止や職務代行者選任の申立て（家事事件手続法174条）をあらかじめ行うことが可能である。

　また，親権喪失や停止の審判が認容された場合には，未成年後見の開始事由となるが，自動的に未成年後見人が選任されるわけではないので，速やかに未成年後見人選任の申立てをする必要がある。なお実務上は，親権喪失や停止の審判が確定する前でも，未成年後見人選任の審判の申立ては受理されている。未成年後見人選任の審判の申立人としては，未成年者の安全や利益が損なわれることのないよう十分注意すべきである。

3　遺言による未成年後見人の指定

　最後に親権を行う者は，遺言で未成年後見人を指定することができる（民法839条1項）。

　同条で定める「最後に親権を行う者」は，未成年後見人として誰が適切かについて最も慎重にかつ適切に判断することができると考えられるため，遺言による未成年後見人の指定を認めた。例えば，未成年者の父が急死し，残された母も病気により余命幾ばくも無いような場合，母が自らの死後，子の生活を信頼できる母の妹（未成年者にとっての叔母）に任せたい場合に，遺言により同人を未成年後見人として指定するような場合である。

　遺言により指定された者は，家庭裁判所によって選任されるわけではなく，当然に未成年後見人に就任することとなり，被指定者は，就任したときから10日以内に，遺言の謄本を添付して，未成年者の戸籍を管轄する市区町村長宛に未成年後見開始の届出をしなければならない（戸籍法81条）。

　遺言によって未成年後見人に指定された者も，家庭裁判所によって選任された未成年後見人と同様の権限と責務を有することになる。しかしながら，

遺言によって指定された場合には，未成年後見人から進んで家庭裁判所に申告しない限り，そもそも私的な遺言行為により指定された未成年後見人の存在を家庭裁判所が把握する方法や機会がなく，後見業務に対して十分な監督が及んでいない可能性がある点は問題である。

ただし，実務上は遺言による未成年後見人の指定はほとんど行われていないようである。同制度を今後も民法上規定するのであれば，その実効性や適性を担保する制度を設ける必要がある。

4 申立人

(1) 申立権者

未成年後見人の選任の審判を申し立てることができるのは，未成年者本人，その親族，その他の利害関係人である（民法840条1項）。ここで言う利害関係人には，児童相談所の所長も含まれる（児童福祉法33条の8）。

家事事件手続法は，家事事件の手続における手続上の行為をすることができる能力を「手続行為能力」と定め（家事事件手続法17条1項），これについて，民事訴訟における訴訟能力に関する規定を準用している。

したがって，民事訴訟において訴訟能力が制限される未成年者は，家事事件においても，手続行為能力が制限され，法定代理人によらなければ手続行為ができないのが原則である（家事事件手続法17条1項，民事訴訟法31条）。

もっとも，家事事件手続は，身分や家庭生活に関わることであるため，できるだけ本人の意思や判断を尊重すべきであり，意思能力があれば手続行為能力を認めるのが相当である事件類型もある。未成年後見人選任の審判申立ては，まさにそのような事件類型であり，未成年者本人も，意思能力のある限り，法定代理人によらず自ら申立てを行い，手続行為をすることが認められている（家事事件手続法177条，118条）。なお，未成年者本人による手続行為が強制されているわけではなく，法定代理人が未成年者を代理して手続行為を行うことも可能である（家事事件手続法18条）。

ここで言う意思能力とは，一般に行為の結果を判断するに足るだけの精神能力のことを言い，概ね10歳以上，あるいは小学校高学年程度であれば

備えている能力とされることが多い。もっとも，成長や発達には当然個人
差があり，また行為の性質によって必要な判断能力も異なるため，一律に
意思能力を有する年齢を決めるのは困難である。多くの家庭裁判所におい
ては，家事事件手続法が審判の結果による影響を受けることになる手続に
ついては，15歳以上の者の陳述を必ず聴取しなければならないと定めてい
る（例えば，家事事件手続法152条2項）こともあってか，15歳以上の未成
年者の申立てであれば，有効な申立てとして手続を進めているようである。
なお，未成年後見人又は未成年後見監督人の選任の審判事件における未成
年被後見人も，15歳上であれば，必ずその意思が聴取されている（家事事
件手続法178条1項1号）。

　ちなみに，弁護士が親権者（法定代理人）のいない未成年者を代理して
未成年後見人選任の審判の申立てを行う場合においても，厳密に言えば同
委任契約自体に瑕疵が生じている（取消原因となる）ことには注意しなけ
ればならない。

(2)　**申立義務者**

　親権・管理権を辞任した父母，親権を喪失・停止又は管理権を喪失した
父母は，それにより未成年後見人を選任する必要が生じたときは，遅滞な
く未成年後見人の選任の請求をしなければならない（民法841条）。

　その他，後見監督人（民法851条2号）や児童相談所長（児童福祉法33条
の8）など，未成年後見人の選任の申立てが義務付けられている場合があ
る。前述のように，未成年後見制度の積極的運用が求められる現状におい
ては，児童相談所長の申立義務の要件である「その福祉のために必要があ
るとき」を広く解釈するべきである。

5　費用の援助

(1)　**日本司法支援センター（法テラス）**

　日本司法支援センター（通称「法テラス」）は，総合法律支援法に基づ
き，独立行政法人の枠組みに従って，日本国政府が設立した法務省所管の
法人で，総合法律支援に関する事業を迅速かつ適切に行うことを目的とし
ている。平成18年10月から業務を開始しており，裁判制度の利用をより容

易にするとともに，弁護士のサービスをより身近に受けられるようにするための総合的な支援の実施及び体制の整備に関し，民事，刑事を問わず，全国において，法による紛争の解決に必要な情報やサービスの提供が受けられる社会の実現を目指して，その業務の迅速，適切かつ効果的な運営を図っている。

　未成年後見人選任の申立てに際しても，資力基準を満たせば，法テラスを利用して，代理人としての活動や書類作成に係る実費・報酬について民事法律扶助の援助を受けることができる。未成年者自身が同制度を利用する場合には，前述のように行為能力という点で難しい問題も生じるが，申立手続や費用について援助が必要な場合には，是非積極的に利用したい制度である。

(2)　未成年後見人支援事業

　未成年後見人の後見業務に対する報酬は，未成年者の財産を原資とするため，未成年者の財産がない場合には，未成年後見人が報酬を受けることができないという問題があった。これに対応するため，厚生労働省の「未成年後見人支援事業」を実施する自治体では，児童相談所の支援を受けていることや，児童相談所長が未成年後見人選任を申し立てること等の一定の要件を満たす場合に，月額2万円を上限として報酬が助成される制度がある。援助制度の詳細については本編V-5も言及しているが，各自治体においていかなる援助制度があるについては，申立てに先立って実際の窓口（児童福祉課や児童相談所等）で調べるべきである。

6　未成年後見人選任の審判の効力

　家事事件においては，法律関係の早期安定及び簡易迅速な紛争解決の要請が強いことを考慮されており，家事事件審判に対する不服申立ての方法としては，申立期間に制限のある即時抗告のみを認め，かつ，特別の定めがある場合に限りすることができるとされている（家事事件手続法85条1項）。成年後見開始（成年後見人選任）の審判も，審判後2週間以内は即時抗告の対象となっている（家事事件手続法123条）。

　しかしながら，未成年後見人選任の審判に対しては，そもそも「特別の定

め」がないことから，即時抗告自体ができないことには注意が必要である（解任の場合の家事事件手続法179条参照）。したがって，未成年後見人を選任する審判は，審判を受ける者である選任された未成年後見人に告知することにより効力が生じ，確定する（家事事件手続法74条2項）。

　告知の方法は裁判所の裁量に委ねられており，通常は，申立人及び未成年後見人に対する審判書謄本の郵送によって行われている。

I 未成年後見制度とは

2 申立手続（児童福祉）

> 　未成年者Ａは私立女子高の１年生（16歳）であるが，単独親権者である母及びその交際相手の男性から虐待を受け，現在児童養護施設で生活している。母はＡが通う私立高校の学費を支払うことも拒否しており，Ａは学校から除籍を勧告されている。
> 　Ａに未成年後見人を選任するにはどのような手続が必要か。

=== ポイント ===

　親権者が存在するものの，未成年後見人を選任するケース（虐待によって適切な親権の行使が期待できない場合）について考察する。福祉的アプローチが必要不可欠となることから児童福祉の諸制度に関して言及する。
- [ ] 親権の停止・喪失
- [ ] 児童福祉法
- [ ] 児童養護施設
- [ ] 要保護児童の自立支援制度（民法改正）

1 親権の喪失・停止

　親権者により子が虐待されている場合など，明らかに子の利益に反する行動をしていると思われるときであっても，「親権を行う者がない」（民法838条１号）わけではないので，直ちに未成年後見の開始事由に当たるわけではない。

　関係者からの働きかけや指導等によっても，親権者の親権の行使が不適切で，それが改善できないような場合には，子の利益を保護するために，親権喪失の審判又は親権停止の審判によって，親権者の親権を奪い，又は制限する必要がある。

　親権喪失の審判は，「父又は母による虐待又は悪意の遺棄があるときその他父又は母による親権の行使が著しく困難又は不適当であることにより子の

利益を著しく害するとき」（民法834条）にすることができる。

親権停止の審判は，「父又は母による親権の行使が困難又は不適当であることにより子の利益を害するとき」（民法834条の2）にすることができる。

これらの審判の申立ては，その子自身やその親族がすることができるが（民法834条の2），その他にも，児童相談所長も行うことができる（児童福祉法33条の7）。

具体的な事実関係は例示されていないが，本事例の未成年者Aの母による親権の行使は，正当な理由なくAの身体や生活に支障を生じさせるような行為であり，不適当なものと言わざるを得ない。このような不適切な親権の行使によって，Aは心身の危険や就学の機会を奪われかねず，Aの利益が害されるおそれが生じる場合には，親権停止事由に相当すると考えられる。また，これまでの虐待の状況や母親の態度等の具体的事実にもよるが，学費の件だけにとどまらずAに重大な不利益が生じることが予想されるような場合で，親権停止の原因が2年以内に消滅する見込みがないときは，親権喪失事由にも該当し得るであろう。

2　児童相談所・児童養護施設

(1)　児童相談所

児童相談所とは，児童福祉法に基づいて各都道府県，政令指定都市等に設置されており（平成29年現在，全国に210箇所），18歳未満の子どもに関する専門相談機関である。相談種別としては，①養護相談，②保険相談，③障害相談，④非行相談，⑤養育相談の5区分があるが，近時は児童虐待の件数が増加していることに伴い，①養育相談のうち虐待相談に関する受理件数が急増している。

(2)　児童養護施設

平成28年末現在，保護者のいない児童や虐待されている児童等，家庭環境上養育を必要とされている対象児童は，全国に約4万5000人いる。このうち約5000人が里親に委託され家庭において養育を受けているが，養護施設において養育されている児童も多い。養護施設は乳児院・児童養護施設・児童心理治療施設・児童自立支援施設等があるが，約2万8000人の児

童を「児童養護施設」で養育されているのが現状である（厚生労働省ウェブサイト「社会的養護の現状について（参考資料）平成29年12月」参照）。

　本事例の未成年者Aも高校１年生の16歳児童であり，家庭環境上養護される必要があったことから，児童相談所が介入し児童養護施設で養育されていると考えられる。今後Aは，満18歳になると児童ではなくなることから，原則として児童養護の対象からは外れる（ただし，後述のように18歳経過後も児童養護施設から高等学校等に就学することは可能である）。その一方で，Aは満20歳となるまでは未成年者であり，今後Aが自立するに際しては社会的に養護する必要があることから，親権を行使する代わりの者を確保する必要性が出てくる。この手段として未成年後見制度が重要となってくる。

(3)　未成年後見人選任の審判申立て

　親権喪失又は停止の審判により，不適切な親権の行使をしていた親権者が排除され，それによって，親権を行使する者がいなくなる場合には，未成年後見が開始する。ただし，未成年後見人の選任は職権ではされないため，一定の申立権者が家庭裁判所に対して，未成年後見人選任の審判を申し立てる必要がある（民法840条１項）。

　したがって，親権喪失等の審判を申し立てる場合には，審判の確定後，速やかに未成年後見人が選任され，後見業務が開始できるよう，あらかじめ後見人候補者の人選を検討しておくなど，未成年後見人選任の審判申立ての準備をしておくべきである。なお，未成年後見人選任の審判自体は，親権喪失等の審判が確定する前に申し立てることが可能である。

　未成年後見人選任の申立ては，未成年者本人やその親族によってなされることが一般的であるが，児童相談所長は，親権を行う者及び未成年後見人のない児童について，「その福祉のために必要があるとき」は，家庭裁判所に未成年後見人の選任を請求しなければならないとされている（児童福祉法33条の８第１項）。児童養護施設に入所しているような未成年者Aのケースでは，児童相談所長が親権喪失等の審判申立ても行った上で未成年後見人選任の申立てをすることも多い。

(4) 親権代行

　児童福祉施設の長は，入所中の児童等で親権を行う者がいない者に対し，一時的に親権を代行することができる（児童福祉法47条1項）。

　したがって，児童養護施設に入所中のAについては，未成年後見人が選任されるまでの間，一時的に施設長が親権を代行することが可能である。

3　要保護児童の自立支援制度

(1) 未成年後見による自立支援

　児童養護施設で養育されている児童は，18歳になると児童福祉法の保護対象から外れ，原則として自立した生活を送ることになる。Aも現在は私立高校1年生であるが，高校3年生となる学年では満18歳となることから，高校卒業のタイミングで住居の確保はもちろん就学支援や就業支援といった生活基盤の確保を行うことが必要となる。この点，児童養護施設においては，18歳となった児童の就学率は平均よりも低く，高校卒業者の大学等進学率は全国平均で約55％であるのに対し，児童養護施設出身者の大学等進学率は11％程度である。逆に，高校卒業後の就職率は全国平均が17.8％であるのに対し，児童養護施設出身者では70％以上に上る（前掲「社会的養護の現状について（参考資料）平成29年12月」参照）。しかし，現代の日本社会においては18歳となった若者が独りで暮らしながら就業することはもちろん，就業しないままで就学することは，特に金銭的な点からしても非常に困難である。

　そのため，要保護児童に対する就学支援・就業支援を中心とした自立支援は大きな課題であり，今後は里親制度の拡大と併せて未成年後見制度が活用されることが期待される。

　現在の児童福祉法においては，児童が就学している等必要な場合には，満20歳まで児童養護施設に居住することが認められている（児童福祉法31条）。そうすると，児童福祉施設等で養育された児童においては，成人となる前の18歳・19歳の段階における自立支援が今後の人生に大きく影響すると言ってよいであろう。そして未成年後見人は満20歳未満の未成年者に選任される制度であり，満18歳となって児童ではなくなった（養護の対象

から外れた）が，今後2年間は未成年者として社会的に自立できない未成年者に，個人の法定代理人という後ろ盾が必要となる。

(2) 児童養護施設退所者等に対する自立支援資金貸付

　未成年者（特に18歳となった元児童）に対する自立支援においては，まずは生活場所の確保及び金銭的な援助が重要となる。

　児童養護施設等に入所中，又は里親等へ委託中，及び児童養護施設等を退所，又は里親等への委託が解除された児童に対して，自立支援資金を貸し付ける制度として，「児童養護施設退所者等に対する自立支援資金貸付事業」がある。児童養護施設退所者等の円滑な自立を支援することを目的に，国及び都道府県の補助を受けて，都道府県の社会福祉協議会が実施する公的貸付制度であり，児童養護施設等と連携して必要な資金の貸付けを行う制度である。生活支援費，家賃支援費，資格取得支援費等の貸付けを行い，貸付後，貸付資金ごとに一定期間の就業継続をした場合には，申請によって返済が免除される。

(3) その他（各自治体・民間団体等による支援）

　近時では生活保護世帯に対する就学援助制度の拡張ともあいまって，児童養護施設出身者に対する援助制度が，独立行政法人日本学生支援機構（旧日本育英会）の奨学金制度をはじめ，各民間団体（日本財団，各種NPO法人等）にも多くの奨学金制度がある。そして各地域においても自治体ごとに特色のある支援制度があるので，自治体等から情報を得ておくことが重要である。

　未成年者Aの私立高校の学費についても，各種奨学金の利用について児童養護施設長や未成年後見人が，場合によっては親権者の権利を制限することと併せて利用できる制度を検討するべきである。なお，都道府県によっては私立高校の学費に対する援助制度があるのでこうした制度についても確認することが必要である。

(4) 民法成年年齢改正

　近時民法の成年年齢を20歳から18歳へと引き下げる法案について議論がなされ，平成30年6月13日に改正法が成立した。

　同改正は，平成34（2022）年4月1日に施行されるが，実際に年齢が引

き下げられると，児童の上限と未成年者の上限が18歳で一致することになるが，親権者がいない児童にとって自立支援の制度が必要なことには何らの変わりはない（なおこの点については辺見紀男＝武井洋一＝山田美代子編『民法成年年齢引下げが与える重大な影響』（清文社，2017）が詳しく扱っている）。

　法改正によって成年年齢が18歳となっても，特に社会に出るタイミングの前段階で未成年後見人を選任させ，居住や雇用に関する支援を行うことは有意義であり，社会的必要性も大きい。

　未成年後見人となる側，特に弁護士や司法書士，社会福祉士等の専門職としても，上記のような自立支援に関する知識や経験が重要になってくることはもちろんである。

Ⅰ　未成年後見制度とは

3　選任手続

Ⅰ-3

選任手続

> 　未成年者Ａ（中学生）は，両親が相次いで死亡したため，それ以降亡母の弟である叔父Ｘと同居し，その収入で一緒に生活している。Ｘが児童手当の申請を市役所にて行った際に担当者から「未成年後見人になった方がいい」と言われた。そこでＸは自らが申立人となり，未成年後見人候補者もＸ自身として家庭裁判所に対して未成年後見人選任の申立てを行った。
> 　家庭裁判所は，どのような手続を経てＡに未成年後見人を選任するのか。またＸは未成年後見人に就任できるのか。

━━━━　**ポイント**　━━━━

　実際に未成年後見人選任を申し立てた際における裁判所への申立手続と実務の運用について解説する。
- [ ]　申立手続
- [ ]　家庭裁判所による調査
- [ ]　未成年後見人の選任
- [ ]　未成年後見人の証明
- [ ]　複数選任と法人後見

1　申立手続

⑴　**管轄裁判所**

　未成年後見人選任の審判を申し立てようとする者は，未成年者の住所地を管轄する家庭裁判所に申立書を提出する必要がある（家事事件手続法176条）。

　未成年者の住所地とは，生活の本拠地を言い（民法22条参照），通常は未成年者が住民登録をして生活している場所を言うが，虐待やDV等により住民登録を移さないまま避難しているような場合には，実際に居住してい

77

る場所（居所）を管轄する家庭裁判所に申立てを行う。

(2)　申立書類

　申立てに当たっては，所定の申立書及び戸籍謄本等の必要書類を提出しなければならないが，多くの家庭裁判所では，申立書類の書式を用意し，必要書類を分かり易く定型書面化している。

　申立書は，各家庭裁判所の窓口で入手できるほか，裁判所のウェブサイトからダウンロードできるので，手続を円滑に進めるために，指定された申立書類を利用して申立てを行うことが相当である。

2　家庭裁判所による調査

(1)　未成年後見申立人・未成年後見人候補者調査（面接）

　家庭裁判所は，未成年後見申立人を指定の日時に呼び出し，家庭裁判所調査官が面接をする。申立人の他に後見人候補者がいる場合は，後見人候補者も同様に呼び出し，調査する運用となっている。

　未成年後見申立人は，申立時に提出を求められる「申立事情説明書」（東京家庭裁判所の場合）等に基づいて，申立てに至るいきさつ，未成年者の生活状況，財産状況及び未成年者の親族らの意向等について事情を詳しく説明する。家庭裁判所は，未成年後見人候補者については，申立時に提出された「候補者事情説明書」（東京家庭裁判所の場合）に基づいて，未成年後見人としての適格性に関する事情を聴取する。

(2)　未成年者調査（面接）

　未成年者についても，未成年者の意思や心身の状況を確認するため，家庭裁判所調査官による調査を行う。未成年者が15歳以上の場合には，必ず未成年者の陳述を聴取し，その意向を確認しなければならない（家事事件手続法178条1項1号）。あらかじめ未成年後見人の選任について同意する旨の未成年者の陳述書を提出するよう求めることもあるが，そのような陳述書が提出されたとしても，より適切に未成年者の意思を把握するために，調査官によって直接意思を確認すべきであるし，実際の運用でも意思確認が行われている。

　家庭裁判所による調査では，申立人や後見人候補者と共に未成年者を家

庭裁判所に呼び出し，調査官が面接を行うのが通常である。後見人候補者がいる場合には，その候補者を未成年後見人に選任しても構わないと考えているか，あるいは何か不都合や心配がないか，直接，未成年者の意思を確認することになる。

なお，未成年者の年齢や事案の内容によっては，家庭裁判所調査官が家庭訪問をして，具体的な生活環境を観察しながら未成年者と面会する調査も行われている。

(3) 親族への照会

後見人候補者とは別にこれまで未成年者と関わりが深かった親族がいる場合などは，必要に応じて，各親族に対して，照会書を送付するなどして親族の意向を確認する。

離婚して単独親権になっている場合には，非親権者（離婚の際に親権者とならなかった父又は母）が存命であれば，未成年者の意向や必要に応じて，その非親権者の意向確認も行われる。もっとも，親族との関わりがなくなってから長期間経過していたり，離婚の理由がDVや虐待事実があったりする場合には，かえって未成年者の生活の安定を害することになるから，照会することが不適切な場合がある。そのようなケースにおいては，家庭裁判所に対して，親族照会を回避するよう，申立人が申立書に親族関係等の具体的事情について疎明する。

3 未成年後見人の選任

(1) 未成年後見人の適格性

未成年後見人の職責は重大であり，未成年者のために責任もって職務遂行ができる能力が必要とされる。未成年後見人選任の申立てに当たって後見人候補者を立てる場合には，その適格性を十分有する人物でなければならないが，もちろん申立人自身が候補者となることも可能である。

本事例も，X本人が申立人及び候補者となったケースである。また，候補者を立てずに申立てを行うことも可能である。この場合には，家庭裁判所が親族関係等を調査した上で，職権で未成年後見人を選任することになる。なお，東京家庭裁判所の場合は，職権で未成年後見人を選任する際に

は，各弁護士会に団体推薦依頼をする運用がなされているほか，弁護士等の専門職に対して直接依頼する場合もある。

　いずれにしても，身上監護権を有する親族未成年後見人は，未成年者がすでに就労しているような場合を除き，未成年者と生活をともにし，生活の面倒を見なければならないことも多い。その場合には，まさに親代わりとなることにほかならず，相当な労力を伴うことを覚悟する必要がある。

(2)　**未成年後見人選任の考慮要素**

　未成年後見人を選任する場合には，次の事情のほか一切の事情が考慮される（民法840条3項）。

①　未成年者の年齢，心身の状態

②　未成年者の生活状況及び財産の状況

③　後見人候補者の職業・経歴

④　後見人候補者と未成年者との利害関係の有無

⑤　未成年者の意向

　したがって，申立書に記載された未成年後見人候補者が必ず選任されるとは限らない。特に，未成年者が多額の財産を所有していたり，多額の死亡保険金等の受領が見込まれたり，親族間で身上監護や財産管理の方針に対立があるような場合には，専門職後見人を選任したり，親族後見人と専門職後見人の複数選任としたり，あるいは専門職を後見監督人として選任する運用がなされることも多い。

　本事例の未成年者Aの場合も，Aに両親死亡後に多額の保険金が入っていたり，叔父であるXとの間に利害対立があったりする場合には，候補者であるXが選任されるとは限らない。家庭裁判所は職権でX以外の第三者を選任する場合には，近時では個々の事案に応じて弁護士や司法書士，社会福祉士等の専門職を選任するケースも多い。

4　未成年後見人の証明

(1)　**戸籍の記載事項**

　未成年後見は成年後見の場合と異なり，登記による公示制度がなく，未成年後見人が選任されたことや後見人の氏名等は，未成年者の戸籍に記載

される。

　戸籍には，未成年後見人選任の審判確定日，未成年後見人の氏名と本籍，後見開始事由が記載される。未成年後見人の住所は記載されない。未成年後見人が複数選任されていて，一方に財産管理だけを行わせる場合には，未成年後見人の権限を財産に関する権限に限定する定めの裁判確定日，さらに未成年後見人が複数いて権限分掌がされている場合は，未成年後見人の財産に関する権限分掌行使の定めの裁判確定日などが記載される。

　これらの記載は，家庭裁判所から市区町村に依頼されるので，後見人らが届け出る必要はない。なお，遺言で未成年後見人が指定選任された場合については，本編Ⅰ-1を参照されたい。

　成年後見制度（保佐・補助を含む）においては，被成年後見人本人の戸籍に成年後見人の情報が記載されることはなく，法務局の管轄する成年後見登記に成年後見人の氏名・住所が記載される。しかし，登記制度そのものがない未成年後見制度では，未成年者の戸籍に未成年後見人の戸籍が載ることについては留意しなければならない。特に未成年者と親族関係がない専門職未成年後見人の場合でも，専門職自身の本籍や戸籍上の氏名等の情報が開示されることには注意が必要である。

(2)　後見人の証明

　未成年後見人の業務を遂行するに当たって未成年後見人であることの証明を求められたときは，上記の記載のある未成年者の戸籍謄本（あるいは抄本，全部事項証明書，一部事項証明書）を提示することが通常である。

　ここでも成年後見制度と異なり，未成年後見人の具体的な制度運用自体は社会一般で広く認識されておらず，実務上も金融機関等から成年後見の場合と同じように登記事項証明書を要求されることがある。その場合は，未成年後見人制度を説明し，登記制度自体がなく，戸籍に記載されることも説明しなければならない。また戸籍には，後見人の本籍と氏名しか記載されていないため，提示先によっては，戸籍謄本に加え，住所の記載があるもの（例えば運転免許証と審判書）の提示を要求されることもあるので注意が必要である。なお，戸籍の記載に反映されるまで通常は審判日から2週間程度かかるので，就任直後は，審判書謄本を身分証明に使用するこ

とになる。ちなみに，未成年後見人選任の審判は，即時抗告の対象とならず（家事事件手続法85条，179条），未成年後見人に審判が告知されたときに確定する（家事事件手続法74条2項本文）ため，未成年後見人が審判書を所持しているということは，当該審判が確定していることを示すものであるが，確定日の証明まで必要な場合には，家庭裁判所に審判の確定証明書の発行を申請することもできる。

5　複数選任と法人後見

(1)　平成23年の民法改正

　平成23年以前（民法改正前）においては，未成年後見人は1人でなければならないと規定されていた（旧民法842条）。後見人が複数いると後見人間で意見が対立した場合に職務が停滞するなどして未成年者の保護を図ることができないことを危惧したためである。しかし，未成年後見人の職責が重く，1人で全ての未成年後見事務を行うには負担が大きいことが敬遠され，未成年後見人の成り手が少ないという重大な問題があったため，平成23年の民法改正によって，複数の後見人を選任することができるようになった。その上で，後見人間で職務を分担することなどを可能にし，後見人間の対立等が生じにくい制度にして未成年者の保護を図ることにした。

　また，同改正によって，法人による未成年後見も認められることとなった。これにより，児童養護施設等を運営する社会福祉法人が後見人となることが可能となり，子の福祉に配慮した後見業務が行われることが期待されているのである。ちなみに，法人受任の場合には，前述の戸籍の記載問題（個人情報の開示の問題）がクリアできることについても意義は大きいと言える。

(2)　権限分掌

　未成年後見人が複数いるときは，共同してその権限を行使するのが原則である（民法857条の2第1項）。

　未成年後見人が複数いる場合には，家庭裁判所は，職権で，一部の者について，身上監護権を付与せず，財産に関する権限のみを行使すべきことを定めることができる（民法857条の2第2項）。

また，家庭裁判所は，職権で，財産に関する権限について，各未成年後見人が（共同ではなく）単独で行使すべきことを定めることができるし，あるいは，数人の未成年後見人の事務を分掌して権限を行使するよう定めることができる（民法857条の2第3項）。事務上よく見られるのは，親族後見人と専門職後見人を選任した上で，専門職後見人の権限を財産に関する権限のみに限定し，さらには，財産に関する権限について，親族後見人の権限を「日用品の購入その他日常生活に関する取引に係る事務」に分掌し，専門職後見人を「日常生活に関する取引に係る事務以外の事務」に分掌するという例である。これによって，親族後見人が身上監護や日常的な金銭の管理など生活の面倒を見ながら，専門職後見人が預貯金や不動産など大きな財産を管理することが可能となる。

4 未成年後見監督人

> 未成年者Ａ（高校生）には両親がいないことから，亡父の妹である叔母Ｘが未成年後見人に選任されている。この度，父方の祖父が亡くなり，Ａが代襲相続することになった。
>
> 相続手続に際して，Ａの未成年後見人Ｘには，未成年後見監督人として弁護士Ｙが選任された。
>
> 未成年後見監督人Ｙが行う事務はどのようなものか。

ポイント

未成年後見人に監督人が選任されたケース及び選任後の監督業務及び実務的運用について解説する。

- ☐ 未成年監督人選任事例
- ☐ 財産調査・財産管理
- ☐ 未成年後見監督人の同意を要する行為
- ☐ 利益相反行為の代理

1 未成年後見監督人の指定・選任

(1) 未成年後見監督人の必要性

親権者がいない未成年者に対して，未成年後見人が選任される際には，選任の審判に際して又は選任後に未成年後見監督人が選任される場合がある。また，未成年者と未成年後見人の利害が対立するような場合にも未成年後見監督人が選任される。例えば，両者がお互いに相続人となるような場合が典型であり，本事例では死亡した被相続人（Ａの父方祖父）との関係を言い，未成年者Ａが代襲相続人（被相続人の孫），未成年後見人Ｘが相続人（被相続人の子）のケースである（ただし，未成年後見人Ｘと未成年者Ａが遺産分割を行う際に，Ａに特別代理人を選任する方法もある）。

本事例では，Ａに多額の相続が発生し，かつ未成年後見人も同相続にお

ける相続人であることから，監督人が必要と判断され，専門職である弁護士Yが後見監督人として選任されたと考えられる。

(2) 未成年後見監督人選任の審判

　家庭裁判所は，必要があると認めるときは，未成年者，その親族若しくは後見人の請求により又は職権で，未成年後見監督人を選任することができる（民法849条，家事事件手続法別表第一の74）。未成年後見監督人は，事案に応じて，後見監督の必要があるときに選任されるものであるが，未成年者が多額の財産を有しているような場合に，親族が未成年後見人となり，専門職が未成年後見監督人となるケースが一般的であり，職権で付されることが多い。

(3) 未成年後見監督人の職務

　未成年後見監督人の具体的な職務は，後見人の事務を監督すること，後見人が欠けた場合に，遅滞なく家庭裁判所にその選任を請求すること，急迫の事情がある場合に必要な処分をすること，後見人と未成年者との利益相反行為について未成年者を代表することである（民法851条）。

2　未成年後見監督人の選任・職責

　未成年後見監督人の選任は，未成年後見人を指定する者（通常は親権者が遺言で指定する。民法839条）による指定（民法848条），又は家庭裁判所が，未成年者本人・親族・未成年後見人の請求又は職権で選任する場合がある（民法849条，家事事件手続法別表第一の74）。実務上は裁判所の職権による未成年後見監督人の選任が大半であり，その選任については広い裁量権を有している。

　未成年後見監督人の職務には，①後見事務の監督（民法851条以下），②後見人が欠けた場合の選任請求（民法851条2号），③急迫の事情がある場合の必要な処分（民法851条3号），④未成年者と未成年後見人との利益相反行為についての本人代理（民法851条4号，860条ただし書）がある。

　また，①後見事務監督の具体的な内容には，㋐財産調査や目録作成の立会権（民法853条2号），㋑未成年後見人が未成年者に対して有する債権債務の申出受領（民法855条1号），㋒親権者の定めた監護方法の変更同意（民法857

条），㋔未成年後見に対する報告要求（民法863条1号），㋕家庭裁判所に対する未成年者の財産管理その他の後見事務に必要な処分の要求（民法863条2号），後見人の職務執行停止，職務代行者選任，臨時財産管理人の選任，財産保全の処分，換価処分等，㋖後見人が営業若しくは民法13条1項所定の行為について，本人に代理する又は同意する（民法864条），㋗終了時の後見計算の立会（民法871条），㋘後見人解任請求（民法846条）と多岐にわたる。

未成年後見監督人は，これらの権限を有しており，当該未成年者に財産管理及び身上監護を行う未成年後見人について，監督権を行使するのが相当である場合は，家庭裁判所は広く後見監督人を選任している。

詳しい統計は存在しないようであるが，実務の感覚では，財産管理について，未成年者に多額の財産がある場合（概ね1000万円以上の預金債権がある場合）や，遺産を相続し分割協議が必要な場合，そして，多額の保険金を受領する場合等，財産管理において監督機能が必要な場合には，弁護士等の専門職未成年後見監督人が選任されている。また，身上監護においても未成年者に対する虐待があるケース，親族間で未成年者の養育について対立がある場合，その他未成年者に特別は配慮が必要な場合等においては，社会福祉士等の専門職未成年後見監督人が選任されているようである。もちろん，親族の未成年後見人に対して，同じく親族の未成年後見監督人が選任されるケースもあるが，監督行為に専門性が要求される場合が多いことから，広く専門職後見人が介入しているのが現状である。

3　未成年後見監督人の財産管理

未成年後見人の就任時や未成年者が包括財産（遺産等）を取得する際に，未成年後見人が財産を調査し財産目録を作成する場合，未成年後見監督人の立会（承認）が必要である（民法853条）。

また，後見人の任務が終了した際に，未成年後見人が管理の計算をする場合も，未成年後見監督人の立会（承認）が必要である（民法871条）。

また，未成年後見人が未成年者に対し債権を有し，又は債務が負う場合は，財産の調査の前に遅滞なく未成年後見監督人へ申し出なければならない。債権を有していることを知りながらこの申出を怠った場合には，未成年後見人

はその債権を失う（民法855条）。

4　後見監督人の同意を要する行為

　未成年後見人が次の行為をする場合には，未成年後見監督人の同意を要する。特に以下の①・②については，成年後見監督人の場合には生じない，未成年後見に特有の問題であるから，注意が必要である。

① 　親権者が定めた未成年者の教育方法及び居所を変更するとき（民法857条）
② 　営業の許可，営業の許可取消し，又は営業の制限をするとき（民法857条）
③ 　未成年者を代理して営業するとき（民法864条）
④ 　重要な財産行為について未成年者を代理し，又は未成年者がこれをすることに同意するとき（民法864条）

5　利益相反行為の代理

　未成年者と未成年後見人との利益相反行為は，未成年後見監督人が未成年者の代理人となる（民法860条）。したがって，未成年後見監督人が選任されている場合は，特別代理人の選任は不要である。

　本事例の未成年者Ａと未成年後見人（叔母）Ｘも，被相続人の相続手続において，共同相続人として利益が相反する関係に立つため，ＸがＡを代理することはできない。ただし，親族間の遺産分割において利益相反が生ずる場合には，家庭裁判所に対して特別代理人の選任を申し立てることが多い。例えば，単独親権者とその子どもが，親権者の親（子から見て祖父母）を相続するような場合である。一方で，本事例のように未成年者を親権者以外の親族が代理している場合には，相続後の財産管理までを想定して後見監督人を選任するケースも，実務上増えてきている。

　本事例では弁護士Ｙが未成年後見監督人として選任されているので，Ａのために特別代理人を選任する必要はなく，ＹがＡの代理人として，Ｘとの間で遺産分割協議等必要な相続手続を行うことになる。

財産管理

1 報告書・財産目録

> 未成年者Aの未成年後見人として社会福祉士Xが選任された。
> 家庭裁判所からは指定の期日（1か月後）までに初回報告書と財産目録・年間収支予定表を提出するよう指示があった。
> Xが未成年後見人として行う業務にはどのようなものがあるか。

────── **ポイント** ──────

未成年後見人が選任された初期段階における具体的業務について，専門職後見人の例で解説する。

- □ 審判の効力
- □ 選任後の手続
- □ 申立てから審判までの財産変動
- □ 初回報告書
- □ 初回調査事項（財産目録・収支報告書）

1 審判の効力
(1) **効力の発生時期**

未成年後見人選任審判の効力は，未成年後見人が未成年後見人選任の審判書謄本を受領した日より発生する（家事事件手続法179条1項，2項）。成年後見人と異なる（抗告期間がない）ことには注意が必要である。

(2) **審判の効力**

未成年後見人は，審判の効力が発生すると，未成年者について親権者と同様の権利義務を有することとなる。

Ⅱ　財産管理

　具体的には，未成年者の監護教育及びこれに必要な範囲での懲戒（民法
820条，822条），居所指定（民法821条），職業の許可（民法823条）について
親権者と同じ権利義務を有し（民法857条），未成年者の財産についても，
包括的管理権を有する。

　さらに，民法は満20歳で成人としていることから（民法4条），20歳未
満の未成年者は単独で法律行為ができない（行為無能力者）。そのため，
未成年後見人は広く未成年者の法律行為に関する同意権，取消権を有して
おり（民法5条），未成年者の財産に関する法律行為（売買，担保権設定
等）について代理権を有することとなる（民法859条）。

(3)　戸籍の記載

　未成年後見人は選任後速やかに財産管理（具体的には金融機関への届出，
口座名義の変更等）を開始し，通常は1か月程度で初回報告書を作成する
必要があるので，金融機関等に対する身分証明方法については留意しなけ
ればならない。

　本編Ⅰ-3でも述べた通り，未成年後見は，成年後見とは異なり，後見
登記等に関する法律による後見登記制度の対象ではないため，後見人選任
については未成年者の戸籍にその旨が記載され，未成年後見人であること
は，この戸籍謄本を取得して証明することとなる。未成年後見人が審判書
謄本を受領すると，家庭裁判所からの嘱託によって，未成年者の戸籍に未
成年後見人選任の旨が記載される（家事事件手続法116条。嘱託によるため，
未成年後見人自身による届出は必要ない）。ただし，戸籍への記載が完了す
るまで通常は約2週間を要するので，それまでの間は審判書謄本を使用し
て，未成年後見人の身分を証明とすることとなる。

　そもそも，未成年後見の公示については後見登記制度の対象外であるか
ら，未成年者の戸籍にそのまま後見人自身の戸籍記載事項，すなわち本籍
地，戸籍筆頭者，戸籍上の氏名等がそのまま記載される。そのため，未成
年者の戸籍が取得できる立場にある者には，後見人自身の戸籍記載事項が
明らかになる。そして，未成年者の戸籍には，児童養護施設長・弁護士・
司法書士・社会福祉士等の専門職が職務上使用している氏名（旧姓・新
姓）や事務所住所を記載することはできないため，未成年後見人に選任さ

れる場合には，自らの本籍地・戸籍上の氏名（本名）が開示されることは
あらかじめ認識しておくべきである。

　なお，現在の実務では未成年後見人選任の審判書に記載される住所につ
いては，各専門職の事務所住所とすることが可能であるが，その際は審判
がなされる前にその旨の上申書を提出する必要がある。また，氏名につい
ては，審判書に職務上の氏名を記載することは可能であるが，その場合に
も戸籍上の氏名が併記されることになる。

　以上の戸籍記載に関しては，専門職未成年後見人から改善を求める声が
大きいことから，公示制度自体の見直しがなされることが今後期待されて
いる。

2　選任後の手続

　未成年後見人は，選任後遅滞なく財産の調査に着手し，財産目録の作成を
完了させなければならない（民法853条1項）。調査期間は1か月とされてい
るが，東京家庭裁判所の場合には，審判書謄本に同封されている書面「最初
にお読みください」に初回報告の期限が具体的に記載されているので，受領
時に確認をする。

　財産調査に着手するためには，まずは申立時の記録を閲覧謄写し，未成年
者の状況や財産を把握することから始める。その上で，現にそれら財産を管
理している者が誰なのかを確認し，未成年者，あるいは未成年後見人選任ま
での間，事実上未成年者の財産を管理していた者（未成年者が児童養護施設
等，施設に入所している場合には，施設の長等が財産を事実上管理している
ことが多い）がいる場合には，その者から速やかに財産の引き継ぎを受ける。

　こうして未成年者の財産，収入，支出，負債等財産に関する事項，更に未
成年者の生活，就学就業状況，親族関係等身上に関する事項を調査し，初回
報告書，財産目録，年間収支予定表を作成していくことが，選任後必ず行わ
なければならない業務である。

　本事例においても，未成年後見人に選任されたＸは，このような業務にま
ずは着手することとなる。1か月という期間は，これまでの状況を把握して
いない専門職にとっては非常に短いことから，全体像を把握できるようスケ

ジュールをしっかり立てておく必要がある。また，未成年者との信頼関係を構築する（ラポール形成）には，初期対応が非常に重要な時期であるので，上記報告書の作成とは別に未成年者自身とのコミュニケーションの機会を設けることにも留意するべきである。具体的には，直接未成年者本人と面談し，他の未成年後見人や近い親族がいる場合には，当事者間の意見のすり合わせを行うことも重要である。

3 初回報告書・財産目録・年間収支予定表

財産調査を進め，期限内に所定の書式で初回報告書・財産目録・年間収支予定表を作成し提出することとなる（書式は東京家庭裁判所ウェブサイト上の「後見サイト」内の「後見人等のための書式集」より，ダウンロードすることが可能である）。

(1) 初回報告書

未成年後見人に選任されて最初に行うのが，財産調査を行い「財産目録」及び「年間収支予定表」を作成し，家庭裁判所に提出することである。年間収支予定表は初回報告の際にのみ提出する報告書であり，過去及び現在の未成年者の支出状況から，今後の年間の収支を検討し，記載することとなる。

また，初回報告書提出以降は，家庭裁判所の指定する月（東京家庭裁判所であれば選任月を基準として「指定月」が設けられる）に毎年（年に1回），定期報告書を作成し提出しなければならない。東京家庭裁判所の場合，この指定月と，決算の締月及び報告所提出月が初任者には非常に分かりづらいので，スケジュール管理が重要となる。また，東京以外では誕生月を基準月としているなど，地域性があるので，監督機関である家庭裁判所によく確認するべきである。

財産目録は，選任後毎年行うこの定期報告においても作成，提出する報告書であるが，初回報告時には，全ての財産について申立時からの変動の有無を記載するだけでなく，費目・金額等の詳細を記載した2枚目の別紙目録も作成する必要がある。

(2) **財産目録**

財産目録は初回報告時，定期報告時いずれの際も作成する。

初回報告の際に作成する財産目録は，申立時の記録の確認，選任後の調査によって把握した未成年者の財産全てについて，費目や金額を記載する。具体的には，以下のような項目を記載する。

① 預貯金・現金

金融機関の名称・支店名・口座種別・口座番号・残高・管理者を口座ごとに記載し，現金との合計額を出し，前回報告時（初回報告の場合は申立時）からの変動を確認し，記載する。

② 有価証券

株式・投資信託・国債等について，種類・銘柄等・数量（口数・株数・額面等）・評価額を記載し，合計額を出す。

③ 不動産

土地，建物それぞれについて，所在・地番・地目・地積・家屋番号・種類・床面積を記載する。共有者などがある場合には，備考欄にそれぞれの持分を示しておく。

④ 保険契約

未成年者が契約者，又は受取人になっているものについて，保険会社の名称・種類・証書番号・保険金額（受取額）・受取人を記載する。

⑤ その他の資産

貸金や出資金など，①ないし④以外に未成年者のプラスの財産となるものがある場合には，種類や相手方，数量（金額）などを記載する。

⑥ 負 債

債権者（支払先）・負債の内容・残額・返済月額や清算の予定等を記載し，合計額を出す。未成年後見人が選任されるまでの間に，入所施設や事実上監護をしていた親族等に立替金債務が生じている可能性がある。また，国民健康保険料や携帯電話料金，公共料金などの支払を滞納していたり，自立援助ホーム等を途中退寮し施設利用料が未払になっていたりする場合もある。したがって，選任後の調査では，これまでの未成年者の生活に密接に関連していた機関，人物などに立替金などの債務が生

Ⅱ　財産管理

財産目録（記載例）

【記載例】

開始事件 事件番号　平成29年（家）第8＊＊＊＊号　【 本人氏名： 甲 山 次 郎 　】

財 産 目 録 　（平成30年1月31日現在）

平成 30 年 2 月 10 日　　作成者氏名　乙 山 花 子　　印

未成年者の財産の内容は以下のとおりです。

1　預貯金・現金

金融機関の名称	支店名	口座種別	口座番号	残高（円）	管理者
〇〇銀行	××支店	普通	2345678	1,434,900	後見人
ゆうちょ銀行		定期	1450-2365	3,000,000	後見人
●●銀行	■■支店	定期	8765432	300,000	後見人
		後見信託			
現　金				31,169	後見人
合　　計				4,766,069	
前回との差額					（増・減）

┌───┐
（2から7までの各項目についての記載方法）
・初回報告の場合→すべて右の□をチェックし，別紙も作成してください。
・定期報告の場合→財産の内容に変化がない場合→左の□にチェックしてください。該当財産がない場合には，（　）内の□
　　　　　　　　　にもチェックしてください。
　　　　　　　　　財産の内容に変化がある場合→右の□にチェックした上，前回までに報告したものも含め，該当する
　　　　　　　　　項目の現在の財産内容すべてを別紙にお書きください。
└───┘

2　有価証券（株式，投資信託，国債など）

　□　前回報告から変わりありません（□該当財産なし）　　　■　前回報告から変わりました（別紙のとおり）

3　不動産（土地）

　□　前回報告から変わりありません（□該当財産なし）　　　■　前回報告から変わりました（別紙のとおり）

4　不動産（建物）

　□　前回報告から変わりありません（□該当財産なし）　　　■　前回報告から変わりました（別紙のとおり）

5　保険契約（本人が契約者又は受取人になっているもの）

　□　前回報告から変わりありません（□該当財産なし）　　　■　前回報告から変わりました（別紙のとおり）

6　その他の資産（貸金債権，出資金など）

　□　前回報告から変わりありません（□該当財産なし）　　　■　前回報告から変わりました（別紙のとおり）

7　負債（立替金など）

　□　前回報告から変わりありません（□該当財産なし）　　　■　前回報告から変わりました（別紙のとおり）

30.4版

Ⅱ-1　報告書・財産目録

【記載例】

（別紙）

2 有価証券（株式，投資信託，国債など）

種　類	銘柄等	数量（口数，株数，額面等）	評価額（円）
国債		5,000,000	5,000,000
株式	△△電力（株）	1,000	515,000
合　計			5,515,000

3 不動産（土地）

所　在	地　番	地　目	地積（㎡）	備考
●●区●●町●丁目	○○○番2	宅地	123.24	
○○市○○	△△△番地	山林	288.00	共有持分1／2

4 不動産（建物）

所　在	家屋番号	種　類	床面積（㎡）	備考
●●区●●町●丁目●●番地	●●番●の1	居宅	65.48	
●●区××丁目××番地	××番	居宅	70.33	敷地部分は借地権

5 保険契約（未成年者が契約者又は受取人になっているもの）

保険会社の名称	保険の種類	証書番号	保険金額（受取額）（円）	受取人
△△生命	学資保険	＊＊＊＊＊＊		未成年者

6 その他の資産（貸金債権，出資金など）

種　類	債務者等	数量（債権額，額面等）
なし		

7 負債（立替金など）

債権者名（支払先）	負債の内容	残額（円）	返済月額（円）・清算予定
甲山一郎（未成年者の祖父）	立替金（私立中学入学金）	300,000	初回報告後全額精算予定
合　計			

30.4版

東京家庭裁判所ウェブサイトより転載（平成30年10月現在）

じていないかを確認するなどして，資産だけでなく負債の存在について
も調査する必要がある。未成年者の預貯金・現金がある程度あり，負債
を返済できるような場合には，今後の収支管理のためにも未成年後見人
選任後早期に負債全額を支払い，清算をしてしまうことが好ましい。

　なお実務上，未成年者が多額の相続をした場合などにおいては，親族
が根拠なく債権を主張する場合もあり得るので，このような場合には未
成年者の債務について証拠を精査し，場合によっては家庭裁判所に報告
し協議することもある。

(3) 年間収支予定

　未成年者の収入・支出を調査し，1年間の収支予定を記載する。

① 未成年者の収入

　種別・名称（支給者等）・金額・入金先通帳を記載する。

　給与はもちろん，遺族年金，障害年金，自治体からの給付金等の全て
の収入が対象となるので，詳細は年金額通知書や確定申告書，過去の預
金取引履歴から確認し，記載することとなる。ただし，親権者の死亡に
よって後見が開始となった未成年者の場合は，今後遺族年金の支給が開
始されることとなるから，手続をとるとともに支給予定額を確認し記載
する必要がある。逆に，これまで遺族年金を受給していた未成年者で
あっても，18歳に達した時点で支給が終了するので，申立時に記載され
た収入や預金通帳に遺族年金が記載されているからといって必ずしも選
任後の継続的な収入となるわけではないことに注意が必要である。

　未成年者がこれから就業するというような場合には，既に内定が出て
いるなどほぼ就職が確定的な場合には，勤務開始時期を確認した上で支
給予定の給与額を記載しても差し支えない。しかし，未成年者によって
は，就業を安易に考えている場合もあり得るので，未成年者自身から内
定状況や就業環境等を十分に聴き取ることが必要である。例えば，見込
みの甘い収入予測を立てたり，これから面接に行くと段階や面接をした
のみで採用の回答が返ってきていないにもかかわらず，「来月からアル
バイトで月10万円くらい稼ぐ」などと，既に確定しているかのような説
明をしたりすることもある。また，申立時や選任前の家庭裁判所の調査

時に就業していたが選任されるまでの間に実は退職してしまっていた，というような場合もある。こうした未成年者の具体的生活状況について，親権者に代わる監護養育者としてフォローすることも非常に重要な職責である。

② 未成年者の支出

　未成年者の生活費・学費教育費・住居費・税金・保険料・その他一切の支出について，支払先，金額を記載する。

　生活費については，施設等に入所中，若しくは親族が同居していたりする未成年者については，通常は大きな問題は生じないと思われる。しかし，先ほどの就業と同様に，初めて独り暮らしをするなどして自活（自立）をする未成年者の場合，社会経験が浅く，初めての自活であることから家計管理の予測が非常に甘い可能性もあり，未成年者が考えて報告してくる金額では実際は大幅に不足するケースがままある。そのような場合，未成年後見人としては，未成年者の生活状況を確認し，光熱水費や通信費，食費などでどの程度基本的な生活費がかかるのか，毎月の小遣いはどの程度必要なのかを検討予測し，必要に応じて個別具体的に適切なアドバイスを行うことが求められる。

③ 収支が赤字となる場合

　年間収支予定が赤字となる場合には，どう対処するのか方針を決め，年間収支予定表に記載しなければならない。相続財産や，これまで貯蓄されていた年金や給付金などである程度預貯金がある場合には，これを切り崩して赤字分を補填していくこととなる。他にも，就学している場合には奨学金の受給の可否を調査し検討する，就業中あるいは就業可能な状態であれば，収支が赤字であることを説明し，今後の収支管理をどのようにするかについて未成年者と丁寧に話をする（無駄な支出を減らすための助言等を行う）などの対策が考えられる。

Ⅱ　財産管理

年間収支予定表（記載例）

年間収支予定表
（ 年 額 で 書 い て く だ さ い 。）

1　未成年者の収入　（ 年金額決定書，確定申告書等を見ながら書いてください 。 ）

種　　別	名称・支給者等	金　　　額	入金先通帳
合　　計			

2　未成年者の支出　（ 納税通知書，領収書等を見ながら書いてください。 ）

品　　目	支　払　先	金　　　額	小　　　計
生 活 費			
学費，教育費			
住 居 費			
税　　金			
保 険 料			
そ の 他			
合　　計			

※収支が赤字となる場合は，この枠内に対処方針を記載してください。

29.6版

Ⅱ－1
報告書・財産目録

東京家庭裁判所ウェブサイトより転載（平成30年10月現在）

4 初回調査事項

　未成年者の資産（預貯金，現金，不動産，株式，保険等），収入（遺族年金，障害年金，給与等），支出（生活費，学費，医療費等），負債等，未成年者の財産関係の事項に加え，未成年者の生活など身上に関する一切の事項について，初回報告までの間に調査する。調査は，まずは申立時の記録を確認し進めることとなるが，未成年者が児童養護施設等に入所している（していた）場合には，具体的な未成年者の状況や，管理下にある財産の確認，引き継ぎがスムーズにできることが期待できるため，速やかに関係施設と連絡を取り，施設長や担当の職員（ソーシャルワーカー）と面談などを行っておくべきである。

　以下に，特に注意をすべきと考えられる事項を記載する。

(1) 銀行預金管理

　申立時の財産目録記載の預金口座全てについて，誰が管理しているのかを確認し，速やかに預金通帳，キャッシュカードの引渡しを受け，金融機関に未成年後見人選任の届出をしなければならない。

　しかし，未成年者が就労し給与を得て自活しているなど，給与振込先や水道光熱費等の引落先に指定されている口座は未成年者自身が管理することが適切な場合もあり，全ての預金口座を未成年後見人のみ使用できる状態にしてしまうべきか否かは，一概には言えない。特に，就業している未成年者の場合，労働基準法において，未成年者は独立して賃金を請求することができ，親権者又は未成年後見人は，未成年者の賃金を代わって受け取ってはならないと定められているから（労働基準法59条），未成年後見人が未成年者の給与を代わりに受領することがないよう注意が必要である。

　他方で，相続財産や遺族年金等により多額の貯蓄が存在する口座などは，未成年後見人が管理することが求められる。しかし，生活費を管理する口座と明確に分けられていないこともあり得るので，その場合には新たに生活費を管理するための口座を開設する必要がある。どの預金口座が何に利用されているかを確認し，未成年者の生活状況と併せて十分に検討する必要がある。

　また，預金口座の取引を確認することで，未成年者の日常の収支だけで

なく，遺族年金やその他給付金等の受給状況を把握していくこととなる。未成年者は，こまめに預金通帳を記帳していないことが大半であると思われるので，預金通帳を確認の上，取引履歴がまとめ記帳になってしまっている部分があれば速やかに取引履歴を取得し，未成年者の収入，支出，資産の変動などを把握する必要がある。

(2) **出納管理（収入・支出）**

　未成年者の収入は，未成年者自身がアルバイトや就業している場合には給与収入があるため，勤務先及び収入，就業規則等を確認することとなる。また，未成年者自身の給与等の収入がない場合であっても，親権者が死亡している場合には18歳未満であれば遺族年金を受給している可能性が高い。このような収入は，未成年者名義の預金通帳に定期的に入金がなされているはずなので，まずは預金通帳を確認し，必要に応じ自治体，年金事務所等関係機関への確認を行うこととなる。また，障害児童の場合には，特別児童扶養手当，障害児福祉手当等が自治体より支給されている場合もあるため，併せて確認が必要となる。

(3) **負債管理**

　未成年者が自ら家計を管理していたり，独り暮らしをしていたりするような場合，健康保険料，税金その他の支払が滞っている場合もある。また，入所している（していた）児童養護施設等の児童福祉施設，その他事実上未成年者を監護していた者が未成年者に関する費用を立替えている場合もある。このような負債についても初回報告書に記載する必要があり，また，今後その取扱い，返済をどう進めていくかは年間収支に関わる事項である。そのため，選任後，関係機関や関係者等に聴取するなどし，速やかに調査を進めることが必要となる。

　また，相続が開始していた場合に未成年者が被相続人の負債を相続している場合（特別代理人による分割協議や単純承認を含む）がある。このような場合には，相続（遺産分割協議）の状況，全体財産及び負債の内容，返済方針等を細かく調査し，然るべき対応をしなければならない。

(4) **相続の有無**

　未分割・未執行の相続があり，未成年後見人が選任された場合，相続放

棄の熟慮期間の起算点は，未成年後見人が未成年者のために相続の開始が
あったことを知ったときとされる（民法915条1項本文，917条）。そのため，
相続放棄の申述は，未成年後見人選任の審判の効力が発生したときから3
か月以内となる。未成年者に相続が発生しているか否かを申立時記録より
確認し，相続放棄申述の手続をとる必要があるか否かについて早急に検討
し，対応しなければならない。

　相続の際における具体的な遺産分割協議等の手続は本編Ⅱ-4を参照さ
れたい。

(5) 申立時からの変動

　申立時から審判まで（初回財産目録作成まで）の間に財産が変動してい
る場合もある。財産目録には財産の変動について記載する必要もあるため，
目立った変動が見られた場合には，速やかに変動の理由，変動させた者を
特定し，調査をすることとなる。変動の理由次第によっては法的手続をと
る必要もある。

　以上のように，初回調査では未成年者の財産のみならず，未成年者に関
する事情一切を速やかに確認，把握し，未成年後見人として今後の適切な
管理方法を検討し，対応していくことが求められる。

Ⅱ　財産管理

2　預　金

> 　未成年者Ａは17歳の高校生であるが，両親が死亡し父方の祖母（85歳）と同居している。今回，未成年後見人として司法書士Ｘが選任された。
> 　Ａには死亡した親族がＡ名義で残した３つの銀行預金合計2300万円がある。
> 　Ｘは財産管理業務として何を行うべきか。

■■■■■ ポイント ■■■■■

　専門職未成年後見人の業務の中心となる預金管理の実務を解説し，家計収入全体の収支予測方法について考察する。併せて未成年後見制度における後見制度支援信託について紹介する。
- □　日常生活費
- □　同居者との調整
- □　金融機関への届出・預金管理方法
- □　後見制度支援信託

1　日常生活費，同居者との調整

　未成年者が親族と暮らしている場合，家計を完全に分離することは困難であることから，同居の親族との間で水道光熱費や食費等の生活費に関する負担割合を協議する必要がある。

　その上で，未成年後見人が管理する財産から，毎月その負担額を同居の親族に渡す方法や，親族自身の財産管理能力が低下してきているときには，未成年後見人が，家計の生活費に相当する部分を直接支払う方法をとることも考えられる。

　本事例の未成年後見人Ｘも未成年者Ａの預貯金や遺族年金等の収入を含めて未成年者の財産を管理するが，ＡとＡの祖母という１世帯の家計を把握し，

101

世帯生活費及びAが負担するべき割合の収支予想（予算）を立てなければならない。その際，祖母に資力があるときには，日常生活費については祖母が全額を負担し，Aの親族が残した預金からは日常生活費の支出はしないことも考えられる。この場合，祖母と協議して生活費の負担額や支出方法を取り決めることになる。

　一方で，祖母の年金が無年金や低額だったり，流動資産がなかったりする場合など，同居しているAの預金によって祖母の生計も維持する必要があるときには，Xはどのように対応すべきであろうか。原則として，Xが管理する財産は，A自身のために使われるものである。祖母とはいえ，未成年者のAに扶養する義務はない。基本的にはAの財産はA以外の者のために使うべきではないから，例えば祖母とは世帯を分離して，祖母は生活保護を受け，Aは独立して生活することを考えるべきである。

　もっとも，Aの祖母のように高齢であれば，祖母の日常生活費は多額にはならないこともある。Aにとっては，祖母の生活費を負担したとしても，親族である祖母と同居することで，Aの人格形成に資するというメリットと共に，祖母が所有する不動産に居住することで家賃負担を避けられ，Aの財産から負担すべき生活費の支出を抑えられるという経済的な利点も考えられる。

　このように未成年後見人は，未成年者及びと同居人の資力・生活状況，同居人による家事等の負担，財産状況等を考慮して，日常生活費の負担の有無，金額，同居人への援助の可否等を検討することになる。そのために未成年後見人は監護養育権及び財産管理権について広い裁量を有しており，未成年者の福祉という観点からあるべき生活環境を整えることが求められる。

2　預金の管理

(1)　金融機関への手続

　未成年後見人が未成年者の預金を管理し，未成年者の生活費を定期的に給付するのであれば，預金のある金融機関に後見制度利用に関する届出をしなければならない。

　手続に要する書類等は，各金融機関への確認が必須であるが，概ね，①各金融機関の書式による届出書，②未成年後見制度利用に関する確認書類

として家庭裁判所の審判書，③未成年後見人の本人確認書類として，弁護士であれば所属会発行の印鑑証明書と本人の写真付確認書類（運転免許証等），④未成年者の本人確認書類，⑤印鑑（未成年者については銀行届出印，専門職未成年後見人については印鑑証明書の職印）を求められる。

　未成年者で写真付確認書類を有していない場合，住民票と健康保険証等の公的書類2件以上の書類で容認したり，一度未成年者本人住所へ本人限定受取郵便で書類を送付したりするなど，金融機関によって対応は異なる。

　なお，②について，成年後見の場合は，登記事項証明書が必要で，家庭裁判所の審判書のみでは対応してもらえないが（審判から登記までの期間中では便宜的に利用できるが家庭裁判所の審判書の銀行届出抄本及び確定証明書を求められる），未成年後見の場合は，登記事項ではないことから，家庭裁判所の審判書でよいとする金融機関が多い。未成年後見人である事項は未成年者の戸籍に記載されるため，戸籍謄本（抄本）の提出を求める金融機関もある。いずれにしろ，成年後見制度と異なり事例が少ないために金融機関の各店舗も戸惑うことが多く，未成年後見人と成年後見との相違から説明しなければならないこともあり，届出に際しては各店舗との事前の打合せが肝要である。

　本事例でも，未成年後見人Xは未成年者Aの預金を上記の手続で管理することになるが，口座名義については，「A未成年後見人X」と肩書付後見人名義にすることを東京家庭裁判所は予定しているが，金融機関によっては，親権者が管理する未成年者の口座と同様に未成年者本人名義の「A」としかできないとすることもある。未成年者の財産を明確に区別できるよう管理することを前提として，未成年者あるいは後見人名義の口座で管理することにつき管轄の家庭裁判所の了解を求めるか，肩書付後見人名義口座にしてもらえるよう店舗と交渉するなどの対応が求められる。

　未成年後見制度に関する届出をすると，原則として当該店舗でしか取引ができなくなり，インターネットバンキングの利用も制限されることも注意が必要である。

(2)　未成年者との関係

　成年後見の場合と異なり，未成年者は，長じるにつれ自分で預金を自由

に使いたいと主張する場面も増えるため，未成年後見人は，未成年者の要望にどのように応じるかという悩みとともに，管理している金員の受渡し方法も問題となる。

　本事例でも未成年後見人Ｘとしては，親族がＡ名義で残した３つの銀行預金合計2300万円について未成年後見制度利用に関する届出を行い，「Ａ後見人Ｘ」名義の口座から各種支払を行うための準備が必要である。また，Ａの17歳という年齢からすると，新規口座開設や既存口座の代理人カード発行などによって，自身がキャッシュカードで一定額の現金が引き出せる口座を準備し，適宜送金できる体制を作っておくことが適当であろう。

3　後見制度支援信託

　近年，成年後見制度において，被後見人の財産が適切に管理できるようにするための方法として，後見制度支援信託が家庭裁判所によって提示されている。

　未成年後見人の場合も，同制度を利用すると日常的に必要となる金員を預貯金として未成年後見人が管理し，余った預金は信託銀行に信託する制度を利用できる。この制度を利用すると，未成年後見人は家庭裁判所の指示を受けて受託者（信託銀行等）と信託契約等を締結し，信託契約で指示した定期金及び日常的な財産管理を超えることは，家庭裁判所の発行する指示書なしにすることはできなくなる。

　本事例の場合も，未成年後見人Ｘが未成年者Ａの預金について，家庭裁判所から指示を受けた上で，例えば300万円を普通預金で管理し，2000万円を信託口座に入金した上で，年120万円（３か月ごとに30万円が普通預金に入金されるなど）という信託契約を締結することが可能である。その結果Ｘが管理するのは，300万円の普通預金と月額10万円の信託預金及びＡの収入（遺族年金等）ということになる。

　ただしこの制度は，成年後見制度で問題となっていた後見人による財産横領等の不正行為を，未成年後見人に関して回避する手段として有用ではあるが，未成年後見制度の場合は，成年後見と事情が異なる。例えば，私立学校の入学金等納付期限が短期間のものがあり，裁判所の指示書を待っていては

速やかな対処ができず子どもの権利保障を阻害することになりかねない。そのため，日本弁護士連合会は，本制度につき慎重な運用をすべきであると提言する（日本弁護士連合会「未成年後見制度をより使いやすくするための制度改正と適正な運用を提案する意見書」（平成24年 2 月16日）https://www.nichibenren.or.jp/liberary/ja/opinion/report/data/2012/opinion_/20216_3.pdf）。

　本事例においても，Aは既に17歳であり，今後大学進学や海外留学等，人生の岐路にあることを鑑みれば，2300万円という高額の金融資産は，Aの意思を優先して，A自身のために有益に使用されるべきである。そのため，Xとしては後見制度支援信託を視野に入れつつも，機動的に金員を送金する必要性があることを考慮し，適切な財産管理・利用を行うための方策を未成年後見人として探らねばならない。

3 保　険

　　未成年者Aは両親と3人で暮らしていたが，昨年Aが5歳の時，震災に遭い両親を亡くした。その後，Aは独身の叔母X（亡父の姉）に引き取られた。

　　XがAのために震災で死亡した両親の保険金の払戻しを請求したところ，保険会社の担当者からは，「両親の死亡保険金を受領するには未成年後見人の選任が必要である」旨の説明を受けた。

　　そこで，Xは家庭裁判所に対してAの未成年後見人選任の申立てを行ったところ，未成年後見人としてXが選任され，更に職権で弁護士Yが未成年後見監督人として選任された。Aの保険金請求手続に際して，XとYそれぞれの業務は何か。

■ ポイント ■

　未成年者が保険金を受領するケースを題材に未成年後見人・未成年後見監督人が留意するべき事項について考察する。
- □　保険金受領権限
- □　保険金と未成年後見監督人
- □　簡易保険と生命保険・損害保険
- □　受領金の管理方法
- □　相続と保険金（税務）

1　未成年者の保険金受領権限

　本事例では，未成年者Aに法定代理人である親権者がいないことから，Aに未成年後見人Xが選任されている。Xがいかなる権限を持つかというと，第1編の総論でも説明されている通り，基本的には親権（民法820条以下）と同じく，大きく分けて財産管理権と身上監護権を持つことになる。一方で，未成年者Aはこれらの権限に服する義務を負うことになる。

106

未成年者は行為無能力者である以上，単独の法律行為ができない。ここで言う法律行為は，「単に権利を得，又は義務を免れる行為」（民法5条1項ただし書）や「法定代理人から処分を許された行為」（民法5条3項）以外の契約等の法律行為であることから，未成年者は代理人を通じて又は代理人の同意の下で各種法律行為を行うこととなる。保険金の受領も法律行為に該当する。

そうすると，今後Xは単にAの保険金の代理受領のみならず，Aが成年となるまで包括的な財産管理権や身上監護権を行使することになる。

2　保険金と未成年後見監督人

親権者がいない未成年者に対して，未成年後見人が選任される際には，選任の審判に際して又は選任後に未成年後見監督人が選任される場合がある。本事例の弁護士Yがこれに当たる。未成年後見監督人の権限については，本編I‐4を参照されたい。

本事例では，未成年者Aが震災で（同時）死亡した両親の保険金受領に関しては，適切な財産管理の監督機能が必要であると判断されたことから，後見監督人には専門職である弁護士が選任されたと考えられる。

なお，平成23年改正民法においては，従来は未成年後見人の人数を1人と限定していた民法842条が削除され，複数後見が認められた。そのため，近時は未成年後見監督人を選任するケースにおいて，後見人を複数選任し，監督機能を担保し合う場合もある。また，複数後見人間で権限分掌（財産管理と身上監護）も可能となり，監督機能を補完することもある。本事例であれば，叔母Xは身上監護を担当し，弁護士Yが財産管理を担当する共同未成年後見人の選任も可能であるし，ここ数年ではよく採用されているケースであろう。

3　簡易保険と生命保険・損害保険

現在，我が国の代表的な保険は，損害保険金と生命保険金に大きく分けられる。事故（災害）により発生する損害を填補する損害保険（損保）は，これらを原因とする受傷や死亡の場合に，契約上の受取人が保険金を受領する

ことになる。また，主に疾病等の損害を填補する生命保険も，入院加療や死亡の事実の発生によって，契約の際にあらかじめ指定されていた受取人が保険金を受領することとなる。

　なお，どちらの保険も被保険者（通常は契約者）が死亡した際の死亡保険金の受取人を指定していない場合には，死亡した被保険者の利害関係人が受領する権限を有する。また，受領割合については，各損害保険，生命保険の契約約款で受取人が指定されている場合（例えば，配偶者，子の順序となる等）もあれば，相続財産として法定割合と同じに取り扱う保険もある。後者の場合には，遺産分割協議を要する場合もある。

　本事例でも，現在6歳の未成年者Aが各両親を被保険者としていた損害保険，生命保険の受取人として指定されていた場合には，未成年後見人YはAを代理して保険金受領手続を行うこととなる。ただし，保険金受取人が指定されておらず，両親にA以外の相続人がいる場合には，別途遺産分割協議が必要となる場合がある。

　ところで，我が国の保険の中では，旧郵政省・日本郵政公社（現独立行政法人郵便貯金・簡易生命保険管理機構）が発行していた簡易生命保険（かんぽ）が，広く利用されており，近時，親の死亡に際して子どもが簡易生命保険の受取人となっているケースが少なくない。

　簡易生命保険も他の生命保険と同様に，親権者がおらず，未成年後見人が選任されている未成年者が保険金を受領する場合には，法定代理人である未成年後見人によって行う必要がある。しかしながら，保険金業務を取り扱う郵便局の実務では，18歳・19歳の未成年者でも就業しているような場合には，未成年者自身の保険金の支払手続に応じる場合があるので，未成年後見人としては注意が必要である（18歳未成年者の未成年後見人を弁護士が務めていたケースで，簡易保険証書を未成年後見人が管理所持していたのにもかかわらず，未成年者自身が郵便局に親権者死亡届及び証書紛失の届出を行い，単独で保険金を受領していたケースが報告されている）。

Ⅱ　財産管理

4　保険金の受領・管理方法

(1)　受領手続

　　未成年後見人の財産管理権としては，前述の通り，法定代理人として契約等の法律行為を行ったり，既に未成年者が行った法律行為について追認や取消しを行ったりする権限があり，これらは親権者と同じである（民法859条）。ただし，未成年後見人の未成年者の財産に対する管理義務は，親権者の注意義務（自己のためにするのと同一の義務）よりも重い善管注意義務が課されており（民法869条，644条），その意味で未成年後見人Ｘの責任は，死亡した実の親よりも重いと言える。

　　その他にも未成年者名義の預金口座があれば未成年後見人名義に変更する。本事例のように，未成年者Ａの未成年後見人にＸが選任された場合には，預金口座の預金契約名義人は「Ａ未成年後見人Ｘ」となるのが原則である。なお，預金通帳には単に「Ｘ」とだけ記載され対外的な取引ができ，銀行内部の取引でのみ「Ａ未成年後見人Ｘ」として取り扱う金融機関が多い（詳しくは本編Ⅱ-2を参照）。

　　これと同様に，保険の名義人や保険金の受領についても，未成年者を代理して行うことになる。

　　また，保険金には損害保険・生命保険の他に，年金積立保険などの商品もあり，近時では確定拠出型年金（いわゆる401Ｋ），変額保険，外貨や株式投資信託と連動している年金保険等その種類は多岐に及ぶ。未成年後見人としては，これらの保険契約がある場合には，まずは保険契約の内容，特に契約者，被保険者が死亡した場合の受取人と，その受領方法について，よく確認する必要がある。特に，年金型の積立年金保険の場合は，受取人が細かく指定されている保険商品のほか，保険金自体が一時金で受領するより，将来の配当方式で受領する場合の方が，受取金総額が多い場合もある（外資系の外貨ファンドに多い）。こうした場合は，未成年後見人に未成年者の財産管理権と共に身上監護権（義務）があることから，将来の財産管理（収支予測）を踏まえて，適切に保険金の受領や契約の組替え等を検討しなければならない。なお，外貨預金を円建てに換金する場合には為替の影響を受けることとなるが，そのタイミングについても，本人の資力

Ⅱ-3

保

険

や資金収支予定を踏まえて慎重に判断しなければならない。場合によっては，未成年後見監督人や家庭裁判所への連絡や相談，報告が必要となる。

なお，円建ての金融商品を他国通貨建てとする場合や，投資信託の構成をハイリスクに変更するような行為は，未成年者の資産で株式投資を行うことができないのと同様に，未成年後見人の善管注意義務に反する場合があるので原則として認められない。

本事例でも，Ｘは未成年者Ａの保険契約，保険金等の具体的事情に沿って，受領や払戻手続を行うことになる。なお，Ｘは必要に応じて後見監督人Ｙとの協議（報告）や，Ｙからの指示監督には従わなければならない。

(2) 管理（預金管理の原則）

未成年後見人が，未成年者の取得する遺産を遺産分割協議によって受領した場合や，生命保険金・損害保険金等を受領した場合には，その金額が多額になる場合があり，管理については善管注意義務を負う。では具体的に未成年後見人はどのように財産管理を行うことが求められるのか。

この点，財産管理においては法律上明確な規定はなく，家庭裁判所作成の「実務マニュアル（Q&A）」等においても預金口座の変更等に関する記述はあっても，具体的な資産管理については明記されていない。そのため，基本的には現金又は預金による管理が想定されている。また，通常のケースでは，未成年後見人は未成年者の現金を50万円以上は持たないように家庭裁判所から指導を受けていることが多く，これ以上の現金は預金として金融機関を利用して管理することになる。

預金による管理方法で問題となるのが，ペイオフ問題であるが，法律上（預金者保護法）では1000万円までの保障しかなされないが，億を超える預金であればともかく，これ以下の預金であれば厳密に預金を分散する必要（例えば，5000万円の預金を５社の銀行に分離するなど）はない。ただし，社会情勢，地域の実情等を常に意識しておく必要はあり，善良な管理者として，適切な対応をするべきである。

また，未成年後見制度においても，後見制度支援信託の利用が考えられるが，高齢者の成年後見制度と異なり，未成年者の収支予測が流動的であり，同制度の利用は積極的に活用されていないようである（後見制度支援

信託については，本編Ⅱ-2参照)。

　一方で，未成年後見人は，保管管理している財産を増加させなければならないという義務はない。管理する未成年者の資産が多額であるからといって，株式等の有価証券を購入したり，外貨預金，投資信託，先物取引その他の金融商品を購入したりすることは，かえって資産減少のリスクを負うこともあり，善管注意義務を負うとしてもできないと解されている。

　したがって，未成年後見人Xが未成年者Aを代理して受領した保険金については，預金口座で管理することになる。その明細については，未成年後見監督人Yの監督下にあり適宜資料開示や報告ができるようにしておく必要がある。

5　相続と保険金（税務）

　未成年後見事案では，そもそも，親権者が死亡したことから相続や保険金の受領が発生している場合が多く，未成年後見人としては「相続税」について注意する必要がある。

　相続税法の改正で平成27年1月1日以降は，基礎控除額が3000万円＋600万円×法定相続人の数となったことは一般にも知られており，本事例でも未成年者Aが3600万円以上の相続をした場合には原則として相続税の申告が必要となる。ところが，この相続財産の計算においては，金融資産や不動産の他にも，被相続人の死亡によって遺族が受ける生命保険金や死亡退職金が「みなし相続財産」となり，相続税の計算では非課税枠を除いた分が遺産総額として計算される。

　みなし相続財産となる生命保険は，被相続人が契約者・被保険者となって保険料を負担していた死亡保険金である。加えて被相続人の勤務先から支払われる死亡退職金についても，一般的には配偶者や子どもが受取人となっており，みなし相続財産となる。これらを法定相続人が受領した場合，死亡保険金・死亡退職金のそれぞれに関して法定相続人1人について500万円の非課税枠が適用される。一方で，被相続人が契約者の保険であっても，配偶者や子どもが被保険者となっている場合には，契約者が死亡しても保険金は受け取れないことから，保険契約そのものを相続することとなり，相続発生時

（死亡日）の解約返戻金相当金額が保険契約の評価額となる。

　本事例の未成年者Aの場合も，両親の死亡による保険金受領については，保険契約者・被保険者によっては，みなし相続財産となり，遺産総額に算入することとなる。

　このように，保険金を受領した場合には，非課税枠がある保険金とそうでない保険金があることには注意しなければならない。また，税務申告においては，未成年者の場合は未成年者控除額（平成27年1月1日以降拡大）の適用について，また不動産を相続した場合には，その評価額の算定に関して小規模宅地等の特例の適用についても検討しなければならない。その他にも相続税の申告については，相続財産の評価・相続税の計算についての基本的ルールはもちろん，各種税法規定や税務通達等に関する知識が必要となる。

　相応に専門的な判断となるため，未成年後見人や未成年後見監督人としては，未成年者が前述の基礎控除額を超える相続財産や保険金（みなし相続財産）を受領した場合には，相続税申告手続について税理士に相談することが必要である。その際，税務申告に関する諸費用（税理士費用を含む）については，未成年者自身の財産から支弁されることになるが，財産受領後の申告・納税手続処理について，適切な報告が必要であることはもちろんである。

4 相続手続

未成年者Ａは中学生で，両親（実父Ｂ・実母Ｃ）と暮らしている。しかし，小学生のころ，会社を経営する父方の祖父母（祖父Ｄ・祖母Ｅ）と養子縁組をしたが，祖母ＥはＡと縁組後１年で死亡した。

ＡはＤ・Ｅとは同居しておらず，Ｄの実子はＢのみである。

この度，養父Ｄが死亡し，Ａの未成年後見人として弁護士Ｘが選任された。この場合に，ＸがＡを代理して遺産分割を行う際に留意することは何か。

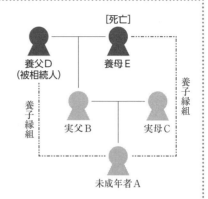

―――― ポイント ――――

未成年者の相続について，未成年者と親権者でない実父母の利益が相反する事例を基にその手続及び留意点を考察する。

- □ 未成年後見人と相続（遺産分割協議）
- □ 法定相続分の確保
- □ 相続財産に関する留意点（預金・不動産・有価証券・動産）
- □ 相続税申告

1 未成年後見人と相続（遺産分割協議）

(1) 実父母と未成年者

未成年後見人が選任されるケースには，実父母が死亡した場合以外にも，本事例のような「養親の死亡」というケースが相当数あると思われる。

祖父母との養子縁組がなされた場合，その効力は養親の死後も生じてお

り，親権を行使していた養親（民法818条2項）が死亡した後でも，実父母の親権が復活しないと解され，法律上も「未成年者に対して親権を行う者がないとき」に該当する（民法838条1号）。

例えば，資産家の祖父母が何らかの理由によって，孫を養子にした後，祖父母が死亡することによって相続が開始するということがあるが，本事例のように，未成年者Aが実父B・実母Cと同居していながら，Bの父D・母E（Aから見て父方の祖父母）の夫婦養子となり，Aが実父Bと共に祖父母D・Eの相続人となるケースがある。

以前は相続税対策（相続人の頭数を増やして基礎控除額を拡大する方法）によく使われていたようであるが，現在では基礎控除として養子が頭数に認められるのには制限がある（実子がいれば1人まで，実子がいなければ2人まで）。ここでD・Eが高齢者だと，Aの成人前にD・Eが死亡し相続が開始する事態が生じるが，前述のように，養子縁組の効力そのものはD・Eの死後も継続し，その場合でもB・C夫婦のAに対する親権は復活しない（養子縁組の効力そのものは死後も継続する）。そのため，本事例のようなAについては，未成年後見人を選任する必要が生じるのである。

なお，本事例では，Dの配偶者Eが死亡した時点で，D・実子B・養子AがEの財産を相続し，単独養親となったDには特別代理人が選任される手続が先行している。この相続については，本編Ⅱ-5の事例で扱う。

(2) 遺産分割協議

本事例の場合，未成年者Aの未成年後見人として実父Bを選任することができるが，Aの養親であるDの相続手続（遺産分割協議）においては，Aの未成年後見人として実父Bが選任されると，AとBとは共同相続人として利益相反の関係となるので，A・B間には後見監督人や特別代理人が指定されることになる。

そのため，遺産の金額にもよるが，Aの相続分について専門的な財産管理が必要な場合には，Aの実親（元の親権者）ではなく，弁護士等の専門職が後見人となるケースもある。

以上のような処理手順は，養子縁組当時には想定されていないことが多

く，司法書士や税理士のアドバイスで節税のため養子縁組したものの，養子が未成年者の段階で養親の相続が発生した際に，実父母とは別に未成年後見人が選任されて揉めるケースも多い。また，そもそも相続対策としての養子縁組スキームの是非については議論があり，近時は最高裁判所まで争われた事例もあった（本編Ⅳ-2参照）。弁護士や税理士が，高齢者の資産管理や相続対策の相談を受ける際には，注意が必要である。

　なお，上記の未成年後見人選任という方法とは別に，養親（祖父母D・E）の死後に実父母（B・C）の親権を復活させることも可能であるが，その場合には，未成年者AとD・E間の養子縁組について死後離縁の手続（民法811条6項）が必要となる。しかし，Aが死後離縁申立てをすることになるため，結局はその申立てのために未成年後見人の選任が必要となり，上記のようなケースで死後離縁を求めて審判がなされ，親権が復活することは，実務上の運用はなされていないようである。

2　法定相続分の確保

　未成年者に未成年後見人が選任される際には，選任の審判に際して又は選任後に未成年後見監督人が選任される場合がある。事例の弁護士Zがこれに当たる（未成年後見監督人については，本編Ⅰ-4参照）。

　では実際にこれまで養親Dの相続人である未成年者A・実子Bらと何らの関わりもなかった弁護士Xが，どのように遺産分割協議を行うのであろうか。これは，民法の法定相続人の確保をすることが重要となる。

　民法上，法定相続分は，配偶者と子は1：1の関係にあり（民法900条1号），子が複数いる場合には，各子の相続分が等しい（民法900条4号）。そして，この「子」には実子と養子の区別はなく，対等である（なお，平成25年の民法改正によって，嫡出子と非嫡出子の相続分も等しくなった）。

　本事例であれば，A（Dの養子）とB（Dの実子）の相続分は1：1であるから，遺産総額の50％ずつを相続する分割協議を成立させなければならない。

　ここで，AがDの養子となったそもそもの経緯が，いわゆる相続税対策であり，Aの元親権者であるB・C（又はB・Cから相談を受けている資産運

用のコンサルタントのような人物）が恣意的な遺産分割協議を誘導するケースも多い。

　この点，遺産相続に関する後見業務については，当然のことながら家庭裁判所に報告しなければならず，特に高額の遺産相続の場合においては，遺産分割協議書の案文作成段階や分割協議成立段階でそれぞれ監督する家庭裁判所に報告書を提出する取扱いとなっている。その際には，未成年者本人の取得する資産が，遺産総額に対して法定相続分を確保できているかが判断されることはもちろん，上記のような恣意的な誘導，例えば不動産のみが偏って相続されていないか等についても，家族関係や今後の生活環境等を踏まえて，その適性について報告しなければならない。

　ただし，実務上は，膨大な事件を処理している家庭裁判所としても，各案件の細かい遺産分割協議の中身については，その適性や妥当性の判断をすることは難しいようであり，結果，未成年後見人の判断能力が非常に重要となる。特に，大きな遺産分割協議においては，弁護士の専門職としての判断能力が必要となり，だからこそ遺産分割調停や審判の代理人業務を扱っている弁護士が未成年後見人に選任されているのが実務の運用である。

　専門職が未成年後見人に選任され，遺産分割協議の当事者（代理人）となる場合には，「未成年者の財産確保」の視点から，個別具体的な適性について妥当性を検討し，その上で遺産分割協議を行わなければならないことには注意が必要である。

3　相続財産に関する留意点

　未成年後見人（特に弁護士の専門職後見人）としては，実際の遺産分割協議に際して，まずは法定相続分の確保をベースに全体財産，すなわち遺産総額及び個々の遺産の内容を検討することになる。

(1)　積極財産

　ここで，遺産の中でも一般的なプラスの資産である，現金・預貯金と株券や社債等の有価証券については，比較的換価性が高くその評価も容易である。一方で，死亡保険金については，そもそも保険掛金の対価として受取人の独自の請求権であることから相続財産でない場合が多く，年金につ

いても死亡時点でも価格評価が極めて複雑な商品が多い（本編Ⅱ-3参照）。そのため，運用会社の提示報告書でもって価格評価するだけではなく，実際に換価する場合の価格（配当金に関する課税や外貨立であれば為替と課税を加味した金額）を検討する必要がある。

　また，不動産についてはそもそも価格評価に多様な基準があり（時価，固定資産評価，土地路線価等），採用する基準によっては相続分の割合自体に変動が生じることには注意が必要である。実務上は，不動産を含めた遺産分割協議のケースでは自宅に関する特別控除や小規模宅地の特例が適用されることから，相続税の申告をする場合が多く，この際の評価基準（路線価等）でもって相続割合を検討することが多い。

　次に，動産については，形見分けレベルの動産から市場価格の付く宝飾品や骨董美術品といった動産まで多種多様である。この場合も，一応は税務申告が必要となる動産については，申告する評価価格を基準として検討することとなる。

　以上のプラスの財産（資産）については，例えば不動産が未成年者である養子（本事例のＡ），預金は実子（本事例のＢ）といったように相続財産の種類に大きな隔たりが生じることはＡの財産管理からすると好ましいものではない。未成年後見人としては，単に相続財産の評価額（法定相続分確保）にとどまらず，何故未成年者が当該遺産を取得するべきなのかという合理的な説明が，家庭裁判所及び将来成年として自ら管理を行うことになった未成年者に対して可能となるように他の相続人と遺産分割協議を行う必要がある。

(2) 負　債

　問題は，換価等で資産評価が可能な財産ではなく，相続人が債務者となっていた負債（いわゆるマイナス財産）をどう処理するかである。

　本事例のような相続対策で養子縁組をしていたケースでは，被相続人名義の土地があることが多く，被相続人が生前に同土地上に建物を建築して，不動産担保ローン等の債務を負担している場合は多い。例えば，本事例でＤが時価３億円の土地を所有しており，この土地上に３億円を借り入れて賃貸マンションを建築しているような場合である。近年相続税の基礎控除

額縮小に伴い，税金対策として，よく用いられているスキームである。こうしたケースで未成年者（本事例のA）に対して，同土地を相続させると同時に，被相続人（D）名義の３億円の債務も承継させ，かつ賃貸人の地位も承継させることを提案するような遺産分割協議もある。

　未成年後見人実務としては，相続人である未成年後見人が遺産（正負あわせて）に対する法定相続分を取得することが民法上の建前であるから，こうした分割スキームもやむを得ないところではある。特に，相続税対策であらかじめ相続税が計算されていたような養子縁組では，負債を承継しないと膨大な額の相続税負担が生じるリスクがある。

　しかしながら，本事例のような未成年者A（中学生）が，マンションオーナーとなるのはまだしも，３億円の負債を負わせることについては，長期的な視野に立って合理的に妥当であるかに関して一定の配慮が必要となる。この配慮は要するに，不動産運用のリスク（将来的に賃借人がなく空き室が出て返済が滞ったり，都市開発の変動や震災等の万が一の事故が発生したりする危険）についての見通しということであるが，これらは専門職とはいえ完全に未成年後見人（弁護士）の職責の範囲外である。しかし，だからといって未成年者に判断ができないことも明らかであるから，未成年後見人としては，他の相続人（特に実親）との間で，未成年者の将来の進路を踏まえて，今後の賃料収入と返済計画の概要等について，可能な限り意見交換をしながら遺産分割協議を成立させなければならない。

　こうした遺産分割協議に際しては，未成年後見人が未成年者の財産を確保する意図から（例えば，担保付不動産は成年者である他の相続人が取得し，未成年者は安全な預金と株券を取得するなどの意見を出すこと），実親（相続人）やその相談先（不動産コンサルタントや税理士が多い）との間で，関係が悪化することもある。このような場合には，未成年後見人が「未成年者の資産を確保する」ことや職責であることを懇切丁寧に説明し，同時に進行状況について家庭裁判所に報告を行っておくことは，後のトラブルを防止するために重要である。

4 相続税申告（期限）

　遺産分割協議を成立させるには，未成年後見人が同意しなければならないのはもちろんであるが（未成年後見監督人が選任されている場合は，同人の同意も必要となる），相続税の申告についても，未成年後見人は未成年者に代理して申告する義務がある。

　そして，これまで述べてきたように，遺産分割協議が成立するには，遺産の内容次第で多くの検討事項が発生し，場合によっては協議が成立しないような事態が生じる。この場合には，家庭裁判所の遺産分割調停及び審判によって解決することになる。

　こうした遺産分割協議成立までのスケジュールとの兼ね合いで一番注意しなければならないのは，相続開始後10か月以内の相続税申告と納付である。例えば，本事例の未成年者Aについて，養父Dの死亡から10か月以内に，実父Bとの間で遺産分割協議ができない場合には，未分割のまま法定相続分に従って，納税をしなければならないが，その際には，小規模宅地の特例等が適用されず，相応の負担を覚悟しなければならない（もちろん分割協議成立後に更正申告をすれば還付対象となる）。

　特に，未成年後見人選任の審判は，当然のことながら被相続人の相続開始後（死亡後）に申立てがなされ，審判がなされた段階で，死亡後半年程度が経過していることが通常である。その場合には納税期限まで４か月しかない。そして，相続人が実の親子のみであればまだしも，実親に兄弟や代襲相続人（従姉妹）がいるなど，利害関係人が複数いる場合には，上記のように，未成年者の資産を合意理的に確保しながら遺産分割協議を速やかに成立させることは至難の業である。例えば，極めて高額の土地と負債があるケースで，具体的な遺産分割スキームが全く整っておらず，未分割で法定相続分での申告納税をしようにも，その税金分の現金がなかったという非常に事務処理が困難な後見人業務もある。こうした場合でも，家庭裁判所には報告をするが，裁判所には特化した支援制度等はないので，未成年後見人自身が責任を持って，納税スキームを意識しつつ，当事者間での遺産分割に関する調整を図る必要がある。もちろん，場合によっては遺産分割調停の申立ても検討しなければならない。

こうした業務に対応するためには，選任段階において「遺産相続」がどのようになっているか，特に遺産の内容（正の資産・負の資産の概要）が明らかになっているか，遺産分割協議書の案文ができているか，そして未成年者が取得する資産は妥当かについて，他の相続人の意向を踏まえて，速やかに検討しなければならない。また，その際には，実際に相続税申告を行う税理士（多くは養子縁組の段階から関与している）との意見調整が重要である。

5 利益相反

未成年者A（15歳）の両親（実父B・実母C）は健在であり、A・B・Cは同居していたが、Aは資産家である父方の祖父母（祖父D・祖母E）と養子縁組をしていた。

この度養父Dが死亡した。Dの相続人はE・B・Aである。養母EはDの相続に際して、Aを代理できるか。また、養母Eが死亡した場合に実父B・実母Cが行う手続は何か。

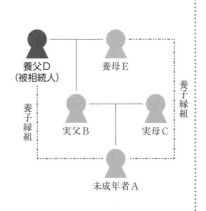

――――― ポイント ―――――

本編Ⅱ-4の相続手続に関して、利益相反（利害関係人間の調整に）を中心に解説する。

- □ 親族との利益相反（特別代理人制度）
- □ 相続と未成年後見
- □ 利益相反行為の判断基準
- □ 処分行為・保証行為

1 未成年者と親族の利益相反

本編Ⅱ-4の事例で未だEが健在のケースを考える。

本事例のように、養父であるDが死亡し相続が開始した場合において、まず、未成年者Aの親権は、養母であるEが単独で行使することとなる（民法818条3項）。この点は、実父母のどちらか一方が死亡した場合と同じである。

そして、養母EはAの親権者法定代理人（養親）でありながら、Aとは同じDの相続人という関係に立つ。これも、実父母の一方が死亡した場合と同

様であり，例えば実父が死亡したケースで，相続人が実母（妻）と未成年の子である場合には，実母と子が同じ相続人という地位となる。そこで，民法は同じ相続人という地位に立つ，すなわち親権者と子どもの利益が相反する関係に立つことから，母が子を代理して遺産分割協議をすることはできない。

同じく，養親の場合も，単独親権者（法定代理人）となった養母は，未成年者を代理して遺産分割協議を行うことはできず，特別代理人の選任が必要となる（民法826条）。

2　特別代理人制度

そもそも，代理人制度は，代理人が本人を代理して法律行為を行う制度であるが，本人と代理人の利益が相反し，対立する場合には，「特別代理人」という本人の利益を保護する制度がある。

家事手続上の代理人は，法定代理人である親権者，未成年者の養親，成年後見人，未成年後見人等であるが，これらの場合でも，本人と代理人との間に利益が対立する場合があり，その際には法定代理人とは別に特別代理人が選任される。

本事例の未成年者AとEは相続人として同じ関係になり，Eとしては，B（子）とA（孫）をあわせた関係では，Dの遺産に対する持分は1：1だが，やはり，EがAを代理して遺産分割を行うことは，Eの相続財産が増えればAのそれが減る関係になるから，利益相反の関係となる。

このような場合には，法定代理人である養親Eが，家庭裁判所に対して，特別代理人選任の申立てを行い，家庭裁判所は相当と認める者を特別代理人として選任する（民法826条）。

通常は，特別代理人には，利害関係のない親族が選任されることが多く，本事例の場合であればAの実母であるCが特別代理人として選任され，Dに対する関係では，E（妻）・B（子）・A代理人C（養子特別代理人）として遺産分割協議を行うこととなる。

ところが，本事例のように，そもそもAが祖父母D・Eの養子になった理由が，D・Eが資産家であったような場合の相続対策としての養子縁組であるなら，Cとしては夫であるBに遺産が多く配分されるように動くことが容

易に推測できる。なぜなら，二次相続（Bの死亡）を想定した場合，Cとしてはの資産が多いほど，自分の相続分が増える関係にあるからである。

　もちろん，外形的にはCとAが利益相反の関係に立つものではないので家庭裁判所が，特別代理人にCを選任することには問題はない。ただし，実務上，Dの資産があまりに大きい場合には，Aの特別代理人に専門職（弁護士等）の特別代理人が選任されるケースも存在する。もっとも，家庭裁判所の実務において，利益相反の関係に立たない親族でも特別代理人として不適切とされる基準が存在するのかなどについては，明確ではない。

3　相続と未成年後見

　未成年者Aにとっては単独の法定代理人（養母）であったEも死亡した場合には，誰がAを代理して相続手続と行うのか。この場合，Aと実父Bは，Eの遺産について親子間で分割協議を行わなければならないし，養父DとEの死亡時期が近いような場合には，先行したDの遺産分割協議が未成立で，D・E両方の相続をAとBとが行う場合もある（実務上このケースは比較的多く発生する）。

　この場合には，Aが未成年である限り，Aには新たに未成年後見人が選任されなければならない。しかし，本編Ⅱ-4でも述べたが，実はこのようなケースで実父母であるB・Cの親権が復活して，CがAを代理する又はBに特別代理人を選任すればよいと誤解されていることが多い。税理士・司法書士等の専門家ですら，遺産分割及びその後の手続（預金解約や不動産移転登記）を調査している段階で，「誰がAを代理するのか」という議論になり，法律相談に来ることもある。

　実務上，D・Eの相続において，B（実親）と未成年者A（子）が相続人となる場合には，二世代相続（父が死亡し，母と子が相続する場合）と同様に，Aの母Cは，被相続人（養父母）とは利害関係がないことから，CがAの未成年後見人となるケースが大半である。そもそも，CはAの実母であり，養父母がいなくなったのであれば，当然の解釈であろう。ただし，繰り返すがB・Cの親権が復活するものではなく，BがAと利益相反の関係に立つ以上，C1人がAの未成年後見人となる。なお，D・E死亡後において，死後

離縁としてB・Cの共同親権を復活させる手続を見かけないことは，本編Ⅱ
－4で述べた通りである。

4　未成年後見監督人

　前述の通り，本事例の場合でも，次の世代の相続（二次相続）を考えた場
合には，利害関係のないCとはいえ，夫であるBに遺産を寄せておきたいと
考えることはあり得る。分かり易く極端な例にすると，D・Eの遺産が5億
円あり，Bに資産がないケースで，Bが60歳，Cが40歳，Aが18歳であるよ
うな場合には，CとしてはAとBが1：1の2億5000万円ずつ相続するより
も，例えば夫であるBが4億円相続すれば，CはB死亡時に2億円を相続で
きることとなる（相続税や相続後の使用は検討しない）。

　このような場合でも，CをAの未成年後見人とすることに問題はないが，
管理する資産が1000万円を大きく超えるような場合には，実務上，Aには未
成年後見監督人が選任される。その意味では，二世代相続（親子間）での
ケースよりも，未成年後見制度によって遺産分割協議における未成年者相続
人の代理人に対する監督権限が機能していると言える。

5　その他の利益相反

　未成年後見人の財産管理における利益相反の判断基準については，総論で
も説明されているが，実質的判断基準の下で「未成年者の財産を害するか」
という視点で考えるべきである（第1編第3章参照）。

　若干補足で説明すると，利益相反行為の該当性判断は，行為の外形を基準
としており，「客観的に見て，親権者（未成年後見人）には利益となり，子
（未成年者）にとって不利益になるか」という判断である。この立場を外形
標準説と呼び，法律行為に際しては，親権者や未成年後見人の意図や行為の
実質的な効果は判断基準としないとの立場をとる（第1編第3章掲載判例参
照）。これに対しては，親権や未成年後見が，子の利益を保護する立場から
批判があり，個別具体的な事情に照らして，親権者や未成年後見人が利益を
受ける一方で，子の利益を実質的に侵害する行為は利益相反とする見解もあ
る（実質的判断説）。

Ⅱ　財産管理

例えば，本項に事例を発展させて，未成年者Aに後見人として実母Cが選任されたとする。その際に，以下の2点について考察してみる。

① 　CがAの財産をCの姉Yに贈与する行為

② 　Cが自分の姉Yに対する債務について，Aを代理して連帯保証契約を締結する行為

(1) 　未成年者の財産処分（贈与）

未成年者に対して未成年後見人が選任されると，未成年後見人は親権者と同じ財産管理権を持つこととなる。

本事例において，未成年者Aの養父母D・Eが死亡し，実母のCが未成年後見人に選任された場合，もともと実父母B・Cと同居しているAにとっては，「親子」であることは変わらないので，当事者間には外形的には何ら変更もないのが通常である。通常の親子関係（実親が親権を行使している場合）との間で異なるのは，Aには親権者がおらず，未成年後見人としてC1人が選任されていることである。この場合に，未成年後見人が未成年者の財産に関する法律行為を行う際には，両者に利益相反の関係があるならば，特別代理人の選任が必要であることは前述の通りである。例えば，実母C（未成年後見人）が，Aの資産（DやEから相続した不動産等）を，Aを代理してCに贈与する行為は，利益相反となり特別代理人の関与がなければできない。これは，親権を行使している実の親子間でも同様である。

では，CがAの財産を，自分の姉Yに贈与する場合はどうか。

判例上は，内心の意図や動機などではなく，形式的な外形化で判断するとの立場をとっている（外形標準説）。したがって，CがAの財産を処分しても，Cが利益を得るわけではないので原則として利益相反とならないから，特別代理人の選任は不要である。ただし，成年後見人のケースにおいて，後見人が内縁の夫に対して，被後見人の財産を無償譲渡する行為が利益相反に該当するとした判例がある（最三小判昭和37年10月2日民集16巻10号2059頁）。そのため，本事例でも親権者や未成年後見人が，子の財産を配偶者に贈与する場合は利益相反になると考えられる。

(2) 未成年者の保証行為

　次に，財産処分ではなく，保証契約の締結はどうか。Ｃ（債務者）とＣの姉Ｙ（債権者）の姉妹間の債務について，未成年者ＡがＣ・Ｙ間の債務を連帯保証する契約行使を，ＣがＡを代理してＡ・Ｙ間で締結する場合である。上記実質的判断説によれば，未成年者の財産が減少する場合を実質的に判断するのであるから，親権者（未成年後見人）が，子（未成年者）に対して，財産を贈与するような場合を除いて，多くの場合は利益相反となる。したがって，このようなケースでも，Ｃが自身の債務について，Ａを代理して連帯債務者や保証人となる行為は利益相反となる。

身上監護

1 範囲

> 未成年者Ａ（小学１年生）は，実父母が離婚し，母が親権者となったが，父は所在不明である。この度，母が刑事施設に長期間収監されることになった。
> Ａの生活については，児童相談所で一時保護された後に，児童養護施設で生活するか，Ａの叔母（母の妹）であるＸに預けられＸ宅で養育されることが考えられる。
> Ａの身上監護の実態をどうするべきか。

=== ポイント ===

未成年者に対する身上監護に関して，施設内養護・親族家庭内養護の事例から未成年後見制度を考察する。福祉的な視点が必要となる。
- □ 身上監護の調整
- □ 未成年後見人と身上監護
- □ 児童福祉施設での身上監護
- □ 児童養護施設と児童福祉法
- □ 未成年者と同居する親族の監護権
- □ 未成年者の居住地指定

1 未成年後見人選任に際しての親族間調整

本事例のように児童である未成年者に対して親権を行使する者がいなくなった場合に，現に監護養育をする者もいない場合には，児童相談所が一時的に保護した後，児童養護施設に入所するか，親族や里親と一緒に生活する

ことが考えられる。その際には,「親権を行使する者がない」のであるから,身上監護を行う者は未成年後見人の選任が検討されることがある（ただし,現在の実務では積極的に申立ては行われてはいない）。

　この点,未成年後見人選任の申立ては,未成年者の親族の他にも,児童相談所長や児童福祉施設長,未成年者自身の代理人も可能であるが,親族以外の者が申立てを行う際には,まずは申立てに際して,未成年者の親族にその旨を通知し,親族の中に後見人となるべき者や,現在事実上監護をしている者がいる場合には,その者を未成年後見人するべきか,又は専門職後見人が選任されるべきかを判断し,あらかじめ調整をしておく必要がある。

　事実上監護を行っている者がいる場合には,その者を未成年後見人とするか否かだけでなく,これまでの監護状況を確認し,引き続き監護を委ねるのかなどについても,他の親族の意向も確認し調整することが必要になる場合も考えられる。

　申立人が未成年者の親族である場合には,必ずしも他の親族との調整が済んでいるとは限らないが,未成年者の兄弟姉妹等であっても,成人していれば家庭裁判所より選任に際し意向確認の調査の対象となるため,事前に説明をしておく必要があると考えられる。

　専門職後見人が未成年後見人に選任される場合,現実に未成年者と同居し養育することが可能な親族がおり,その者が養育者として不適合というような事情がなければ,未成年後見人を複数選任した上で,専門職後見人が財産管理,親族後見人が身上監護というような権限分掌を行ったり,親族が親族里親として身上監護を行ったりするなどの対応をすることも検討される。この場合も,他の親族との間でそのような選任,監護の方法となることを確認しておくべきであろう。

　本事例において,未成年者Aには,離婚後連絡の取れていない父,親権者である母,母の妹（叔母）であるXという親族がいる。母について親権喪失又は親権停止の審判がなされた場合のほか,長期の入院加療や刑事施設入所等,実質的に親権の行使ができない場合にも,未成年後見人の選任が検討されることになる。その際には,未成年後見人選任申立人となるのは,児童相談所長か親族のXのいずれかであると考えられる。

128

Ⅲ　身上監護

　児童相談所長が申立てをする場合には，連絡の取れていない父についても調査を行い，叔母Xに対しても，未成年後見人や監護者となることの可否，意向について説明し，調整を行っておくべきである。Xが申立人となる場合には，あらかじめ詳細な調査，調整を行うことは困難であろうが，申立後に家庭裁判所から調査の指示が出たり，他の親族らに対する意向の確認がされたりなど，適宜調整がなされることとなる。また，X自身が未成年後見人候補者になるか否かについては，上記の具体的な事情からX自身が判断しなければならない。もちろん実際にXが未成年後見人に選任されるかについては，家庭裁判所の審判に委ねられる。

2　児童福祉施設での身上監護

　児童福祉施設とは，未成年者Aが入所する児童養護施設をはじめ，児童厚生施設・障害児入所施設・児童発達支援センター・児童心理治療施設・児童自立支援施設及び児童家庭支援センターを含む総称である（児童福祉法7条，35条）。

　児童福祉施設の長は，入所中の児童に親権者や未成年後見人がいない場合には，親権を行使することとなる（児童福祉法47条1項本文）。しかし，親権者が存在する，又は未成年後見人が選任されている場合においても，児童の福祉のため，監護・教育・懲戒に関して必要な措置がとれることとされており（児童福祉法47条3項），この場合，親権者や未成年後見人は，児童福祉施設の長がとる措置を不当に妨げてはならないとされる（児童福祉法47条4項）。「不当に妨げる」にどのような行為が該当するかについては，「児童相談所長又は施設長等による監護措置と親権者等との関係に関するガイドラインについて」（平成24年3月9日雇児総発0309第1号厚生労働省雇用均等・児童家庭局総務課長通知）において具体的事例が挙げられており，児童や入所施設の職員等に対して危害や暴言を加えたり，徘徊やつきまといをするなどの実力行使だけでなく，児童に経済的損失を与えたり，社会生活，健康や成長について悪影響を及ぼすなど，親権者等の意向に沿った場合に客観的に見て明らかに児童に不利益を与えると考えられる場合などが該当するとされる。

　さらに，児童の生命身体の安全を確保するために特に緊急の必要がある場

合には，児童養護施設の長は，親権者や未成年後見人の意に反しても必要な措置をとることができる（児童福祉法47条5項。具体例については，前掲ガイドライン参照）。

　また，児童福祉施設のうち，児童養護施設は，保護者のない児童，虐待されている児童等を入所させ，養護するとともに，退所者に対する相談，自立のための援助を行う施設と位置づけられており（児童福祉法41条），児童養護施設の長は，児童福祉施設の長として入所児童の親権行使や身上監護について広く権限を有するだけでなく，学校教育法上の保護者に準ずる者として，入所児童を就学させる義務を負っている（児童福祉法48条）。なお，入所児童の入所後の養育に必要な費用は国庫より支弁される（児童福祉法49条の2）。

　本事例においては，未成年者Aには刑事施設に収監されているとはいえ親権者である母親が存在するため，児童養護施設への入所後も児童養護施設の長がAについて親権を行使することはない。しかし，実際のAの身上監護は児童養護施設の長が必要な範囲で行い，保護者として小学校に就学させることとなる。仮に未成年後見人が選任された場合も，Aが当該児童養護施設に入所している限り，引き続き必要な範囲かつ相当な措置であれば児童養護施設の長の判断で身上監護がなされ，保護者として小学校に就学させることとなる。したがって，こうした場合には，積極的に未成年後見人を選任する必要性に乏しいと考えられている。

　一方で，母親について親権喪失，又は停止の審判がなされたような場合には未成年後見人が選任され，親権は未成年後見人が行使することとなるが，その場合でもAの身上監護は児童福祉施設の長が行うこととなる。未成年後見人も親権に基づき身上監護を行う権限はあるが，児童福祉施設の長と未成年後見人とが身上監護に関する措置について意見が相反した場合には，社会通念上相当な範囲での身上監護であれば，未成年後見人は現に入所し監護をしている児童養護施設の長の措置を尊重しなければならず，不当に妨げることはできない。また，Aに急病その他緊急の必要がある場合には，児童養護施設の長は未成年後見人の意思を問わず，Aの生命身体の安全を確保するため，必要な措置をとることとなる。

Ⅲ　身上監護

3　未成年者と同居する親族の監護権

　未成年後見人がいない未成年者と同居する親族は，「児童を現に監護する
者」として，児童福祉法上の「保護者」となる（児童福祉法6条）一方で，
学校教育法上の「保護者」は，親権を行使する者に限られているため（児童
福祉法16条），同法上の保護者には該当しない。また，親権を行使する者で
はないので，法律上の監護権を有するわけではない。あくまで事実上監護を
する者という立場にとどまり，法律上の身上監護権は親権者のみが有するこ
ととなる。

　ただし，児童が児童相談所に保護された上で，児童福祉法27条1項3号に
基づき児童の委託を受けた場合には，この親族は「親族里親」（児童福祉法6
条の4第3号）として，児童福祉法上正式な要保護児童の委託先となる。親
族里親は，両親等子どもを現に監護している者が死亡，行方不明又は拘禁等
の状態になった場合に，三親等以内の親族である者に子どもの養育を委託す
る制度である（里親の認定等に関する省令14条）。里親を希望する場合，その
要件は都道府県ごとに定められている。

　里親は，前項記載の児童養護施設の長と同様の監護権を有する。よって，
親権者や未成年後見人がいる場合であっても，監護・教育・懲戒について必
要な措置をとり，緊急の場合には親権者や未成年後見人の意思に反しても必
要な措置をとることができるとし，入所児童に対する身上監護について広く
権限を有する。さらに，里親は，学校教育法上の保護者に準ずる者として，
入所児童を就学させる義務を負う（児童福祉法48条）。

　本事例において，叔母Xは未成年者Aを現に監護する者となり得，児童福
祉法上の保護者として，事実上の身上監護を行うこととなるが，法律上の監
護権を有するものではないので，親権者である母の意思に反する内容での身
上監護はできない。未成年後見人が選任された場合には，未成年後見人が身
上監護権を含めた親権を行使する者となるから，未成年後見人が，Aが監護
教育を受ける環境としてXのもとが適切であると判断し，居所として指定し
た場合には，Xが引き続きAと同居し監護教育していくことが可能となるが，
Xがこれまで監護をしてきたからといって，Aに対する監護権を主張したり，
未成年後見人の判断に反する監護をしたりすることはできない。

したがって，仮にＸが法律上の監護権を有する立場になろうとするのであれば，自らが未成年後見人となるか，あるいは，親族里親となるほかない。ＸはＡの叔母，すなわち三親等内の親族であり，親権者母が刑事施設に収監されＡを養育できない状況にある。そのため，Ａが法令及び都道府県の定める要件を満たした場合には，親族里親として児童福祉法47条3項に基づき，必要な範囲において身上監護権を有し，Ａを就学させる義務を負うことになる。また，Ｘが親族里親である場合には，たとえ未成年後見人が選任されても，未成年後見人は不当にＸの身上監護を妨げることはできないから，必要かつ合理的で適切な措置であればＸ自らの監護権に基づき身上監護を行うことができ，緊急の場合には未成年後見人の意に反してもＡのために必要な措置をとることができる。

4　未成年者の居住地指定

　未成年者は，親権者が指定した場所にその居所を定めなければならないとされる（民法821条）。これについては，親権者側の視点から，未成年者の居所を指定する「居所指定権」と説明されるが，条文に従えば，未成年者が親権者の居所指定に従う義務を負うものであり，親権者による監護教育等を受ける権利を有していることに対応するものという理解もなされる。親権者が未成年者の監護教育といった親権を享受することと全く無関係に不適切な環境での居住を命じたり，強要したりすることは親権の濫用となる。

　本事例においても，未成年者Ａの居住地がどこに指定されるかは，Ａの福祉のため，どこで，誰からどのような身上監護を受けるのが最も妥当かという点から判断されることとなる。未成年後見人としては，母の妹であるＸがＡを引き取る意向を示している場合には，同人のもとで十分な監護教育を受けられる環境が整っているのであればそこを，そのような環境が整っていない，あるいは既に児童養護施設等での生活に順応しているということであれば当該施設を居所として指定することとなる。

Ⅲ　身上監護

2　進学・就職

> 　未成年者Ａ（16歳，公立高校２年生）は，中学生の時に単独親権者であった母が他界しており，今は祖母の家の近くのアパートで独り暮らしをしている。Ａには生活保護（生活扶助等）として月額15万円が給付されている。この度，Ａに未成年後見人として社会福祉士Ｘが選任された。
>
> 　Ａは学校の進路相談において，「大学に行くか，働くか迷っている。できれば今のところに住みながら進学したい」旨を述べた。
>
> 　未成年後見人Ｘが考慮すべき事項は何か。

ポイント

　資金のない未成年者の身上監護，特に進学・就職問題について考察する。貧困対策及び就業就学支援に関する福祉的知識が必要となる。

- □　未成年者と生活保護（貧困問題）
- □　生活保護と進学
- □　奨学金制度
- □　進路決定に関する身上監護
- □　未成年者と労働契約

1　未成年者と生活保護（貧困問題）

　親権を行使する者がいない未成年者に対して，未成年後見人として親族以外の専門職である弁護士等が選任される場合には，管理する財産が多額であるケースが多い。しかしながら，逆に貧困状態にあったり，親族が適切に監護できなかったりする場合には，福祉に強い専門職（社会福祉士等）が後見人になることが適切なケースも存在する。近年では子どもの貧困率は高止まりしており（平成24年：16.3％〜平成27年：13.9％），特にひとり親世帯の相対的貧困率は50％を超えている（内閣府ウェブサイト「平成29年版　子供・若

者白書」）。したがって，単独親権者が死亡し，親権者が不在となる未成年者も相当数存在するとともに，経済的にも恵まれない状況にあるケースも少なからず存在する。

憲法上，全ての国民は最低限度の生活を保障されており（憲法25条），このセーフティネットとして生活保護制度があることは広く知られている。平成29年2月時点の生活保護率は16.9‰（全世帯の1.69％）であり，バブル時代（平成7年頃）の保護率が7.0‰であったことからすると，2倍以上になっている。平成29年2月時点の生活保護受給者数は，124万人であり，割合としては，①高齢者48％，②障害者・傷病者28％，③母子世帯7％，④その他17％であり，この④には児童福祉施設に入所せずに，生活保護を受給している未成年者も相当含まれる。

このように，未成年者が生活保護を受給して生活している場合には，財産管理という側面だけではなく，将来自立して生活していくことができるように適切な支援をすることが求められており，福祉関係者や教育関係者が未成年後見人に就任することが適切な場合も少なくない。

2　生活保護費と学費（奨学金制度）

生活保護には8種類の扶助があり，①生活扶助，②教育扶助，③住宅扶助，④医療扶助，⑤介護扶助，⑥出産扶助，⑦生業扶助，⑧葬祭扶助で構成される。このうち，②の教育扶助は義務教育（授業料はもともと不要）で必要な学用品が対象となっており，幼稚園や高等学校，大学の学費は含まれない。

では，生活保護受給者は義務教育ではない高校に行けないかというと，もちろんそのようなことはなく，⑦の生業扶助として高等学校の受験料・入学金・授業料や学用品費が支給対象となる。また，「生活保護世帯は大学に行けない」というのも誤りで，仮に母子世帯で，子どもが大学進学をしたい場合には，世帯分離をした上で，奨学金を利用しながら大学進学することができる。ただし，子どもは生活保護の受給対象から外れることとなる。

なお，平成29年12月に厚生労働省が出した方針では，生活保護受給世帯の子どもが大学へ進学する際には，親との同居世帯で10万円，独り暮らしの世帯で30万円を支給することとなっており，同方針を反映した改正生活保護法

が平成30年6月に成立した。その一方で，生活保護費は，母子加算の減額等，今後3年で最大5％引き下げられる方針も出されており，生活保護世帯が受給できる保護費に関しては上記①から⑧の各扶助について適切な情報を取得する必要がある。

　本事例の未成年者Aも親権者である実母が死亡し，在学中の身としては生活費を確保する必要がある。この点，死亡した母が就業先で厚生年金に加入し，又は自営やパートでも国民年金に加入している場合には，Aには18歳になるまで遺族年金の支給がなされる。しかし，上記の年金等公的給付がなかった場合でも，後述のセーフティネットとも言える公的福祉施策がある。

　Aが受給していると想定されるのは，生活扶助（生活費）と住宅扶助（アパート賃料）として月額15万円程度で，この費用で独り暮らしをしている。その他にも公立高校（現在の都立高校や多くの県立高校では授業料は無料）の学用品費用についても，生業扶助が支給されていると考えられる。しかしながら，Aが今後大学に進学する場合には，たとえ生活保護法の改正により一時給付金が支給されたとしても，高校卒業時点（年度末）で生活保護の受給は停止され，4月以降は自ら生計を立てながら，大学に進学することとなる。Aとしては，奨学金制度を利用したり，働きながら夜間部へ進学したりする方法もある。

　福祉的な視点から見ると，現在の少子化時代及び未成年者世代の高校卒業後の進学率では（全高等学校卒業者の8割が大学短大専門学校へと進学している），18歳となった未成年者を，直ちに独立した世帯として扱うことは，若干厳しい対応と言え，「学ぶ意欲」がある若者には22歳までは学問の機会（費用）を保障するくらいでよいと考える。特に，我が国は奨学金制度が脆弱であり，独立行政法人日本学生支援機構（旧日本育英会）の貸与制奨学金がその多くを占めており，大学卒業後の新社会人にその返済負担が重く圧し掛かっている（例えば，弁護士でも40歳くらいまで大学や大学院の奨学金を毎月返済している人は多い）。

　なお，近時では，同機構において，社会的養護を必要とする人（主に児童養護施設等の施設入所者や里親に養育されている者）を対象に給付型奨学金制度が設けられているが，今後も，Aのような親権者のいない未成年者を含

めて，広く貧困層の若者に対しても，その学ぶ意欲と能力に応じて，給付型
奨学金の充実が期待される。

3　身上監護の範囲

　未成年後見人は未成年者本人に対する身上監護権を持っており，その範囲
は親権者と同じく非常に広範に及ぶ。では，Ａのような「大学に行くか，働
くか迷っている。できれば今のところに住みながら進学したい」という高校
卒業を迎えた未成年者に対して，未成年後見人（福祉専門職）としては，ど
のような対応をするべきか。

　未成年者とはいえ，学問の自由（憲法23条），就業の自由（憲法22条1項）
を有しており，進学するか就業するかの選択は，未成年者本人に委ねられる。
これは通常の親子間と変わりはない。未成年後見人も親権者と同じく，未成
年者の相談に応じ，選択の手助けをすることとなる。特に，進学した場合又
は就職する場合の各メリット・デメリットについては，人生の先輩として説
明できるようにして欲しい。また，各進路のコスト（時間・費用）について
は，できる限り具体的な情報を集めることが重要であろう。

　本事例においても，未成年後見人Ｘは，高校を卒業するＡには，進学か就
職の進路があることを前提としながら，Ａの立場（働ける状況）にある以上
は，卒業後の生活保護制度の利用ができないことは，しっかりと説明しなけ
ればならない。その上で，住居費や生活費を18歳となった月の翌年4月以降
は自分自身で負担する必要があること，一方で住居の賃貸借契約は自分自身
ではできず，未成年後見人が代理する必要があることなどに関しても，高校
に在学している早い段階で明確にしておく必要がある。

　Ａに「できれば今のところに住みながら進学したい」という高い学問の志
があるのなら，Ｘとしては，今の居所（アパート）の賃料，今後の生活費，
大学の費用等を数字で示して，収支予定を一緒に検討することになろう。そ
れと同時に，利用できる奨学金や衣食住を確保するだけの収入をどこから捻
出するのかについて，生活保護以外の社会保障制度についても情報収集をし
なければならない。その意味で，未成年後見人としては親族，専門職を問わ
ず，会計や福祉の知識が必要となる。

136

Ⅲ　身上監護

　本書を執筆している専門職（弁護士）らが担当した未成年者も，婚姻して世帯を持ち共働きで生計を立てた者，高校卒業後に住み込みの仕事に就いた者，自衛隊に入隊した者，親族の協力を得て同居しながら大学に進学した者等，幅広い選択をしている。未成年後見人としては，中学卒業時，更には高校卒業時の選択が未成年者の人生にとって重要な岐路となることについては，厳に自覚して未成年者に寄り添うべきである。

4　未成年者の就業（労働契約）

　高校を卒業した未成年者が，実際に就業する場合には，未成年後見人の同意が必要となる。この同意権は，未成年者の就業が本人の身上監護・財産管理に大きく影響することとなる以上，身上監護権の内容でもある。また，労働契約自体が民法上の雇用契約であることから（民法623条以下），法定代理人の同意がなければ契約の効力自体が瑕疵ある契約となり，取消しの対象となる（民法120条1項）。

　一方で，労働基準法58条は，未成年者の労働契約は親権者や未成年後見人が代理して締結することはできないと定めている。これは，親権者や未成年後見人がその強い身分関係を利用して，未成年者に不当な労働を強いたり，賃金を搾取したりする，監護権の濫用を防止する趣旨であり，裏を返せば，未成年者自身の職業選択の自由を確保しているのである。

　本事例の未成年者Aの場合も，未成年後見人Xは，Aの就業先（アルバイトや正規職員を問わず）との契約について，「同意・不同意」の意思を示すことはできるが，「代理」することは労働基準法違反となる。実務上は，労働契約書の労働者（未成年者）署名押印欄の下に，法定代理人の同意欄を設けている労働契約書が使用されている場合が大半であるが，A代理人Xとして，Xの署名押印や身元保証を求めてくる事業者（アルバイト先等）もあるので，注意が必要である。

3 身分変更（養子）

> 　未成年者Ａ（7歳）の両親が離婚し，父親が親権者となり監護養育していた。しかし，父が死亡したため，未成年後見人として叔母（父の妹）であるＸが選任された。父方の祖父母は健在である。Ａは現在，未成年後見人Ｘ及びＸの夫と暮らしている。
> (1)　Ｘは夫とともに，Ａと養子縁組をしようと考えている。Ｘはどのような手続をとる必要があるか。
> (2)　仮に，Ａと祖父母が養子縁組をする場合には，Ｘはどのような手続をとる必要があるか。
> (3)　Ａが血縁関係にないＢ・Ｃ夫婦と養子縁組をする場合，Ｘはどのような手続をとる必要があるか。

■■■■■■■ ポイント ■■■■■■■

　子どもの身上監護の担い手としては，未成年後見制度（未成年後見人）の他にも養子縁組制度（養親）がある。未成年後見人の選任を契機として，ケースごとに養子縁組制度への身分変更について解説する。

- □　養子縁組制度
- □　未成年者の養子縁組
- □　未成年後見人との養子縁組
- □　特別代理人の選任
- □　未成年後見人の養子代諾
- □　15歳以上の場合

1　養子縁組制度

　我が国では，家の承継者を得ることが重視されてきたという歴史があることから，血縁による承継者以外にも，養子による承継者を得る方法として，古くから養子縁組制度が利用されてきた。現代では，この，家のための養子

という概念以外にも，実の親子関係（血縁）にない当事者間において，親子に代わる機能を付与する制度として養子の機能が重視されており，特に要保護児童に対して親に代わる養育の担い手として期待されている。

(1) 普通養子・特別養子

普通養子は，養親となる者と養子となる者との間の契約であり，縁組の意思を戸籍として届けることで成立する（婚姻と同じく届出主義）。

現在も上記の家の承継者としての機能が強く，大半が成年養子であり，いわゆる婿養子が多い。その一方で，未成年養子の場合には，親の再婚に伴って縁組をするいわゆる連れ子養子が多いが，実親の監護を受けることができない未成年者や実親の監護が不適切な場合には，養親は親権者に代わる監護養育者となる。

特別養子は，この親権者に代わる監護養育機能を重視しており，昭和62年の民法改正で新設された制度である。特別養子は，原則として満6歳未満の未成年者と夫婦間で適用され，家庭裁判所による審判が要件である（民法817条）。普通養子と異なり，実の親子関係も終了することから，戸籍上も実子と同じく，「長男」，「長女」と記載されることが特徴である。なお，近時ではこの「6歳未満」という年齢上限の引き上げも議論されている。

(2) 未成年後見と養子縁組

未成年後見人も養親も，未成年者の養育者としての福祉的機能は全く同じであり，実際に未成年者を監護養育している里親は，未成年後見人よりも普通養子の養親となるケースの方が多い。これは，未成年後見人の選任には，特別養子縁組と同様に家庭裁判所の審判が必要であるが，普通養子縁組は原則として当事者の合意（契約）であることもあり，歴史的にも身近な制度と考えられるからであろう。しかし，未成年者を養子とする場合には，子の福祉の観点から様々な要件がある。

以下では，本事例に則して，未成年後見と養子縁組という観点から両制度を見てみる。

2 未成年者の養子縁組

未成年者を養子とするには，家庭裁判所の許可を得なければならない（民法798条本文）。ただし，自己又は配偶者の直系卑属を養子とする場合は，家庭裁判所の許可を得る必要はない（民法798条ただし書）。この点については，子の福祉の視点から自己又は配偶者の直系卑属であっても同様とすべきであろう。

また，養子となろうとする者が15歳未満の場合は，自ら養子縁組を行うことができず，法定代理人がこれに代わって縁組の承諾（代諾）をすることによって，養子縁組を行うことができる（民法797条1項）。一方，養子となろうとする者が15歳以上であれば，自ら養子縁組を行うことができるが，この場合にも家庭裁判所の許可を得る必要がある。

なお，養親となろうとする者に配偶者がいる場合は，原則として，夫婦が共に養親となる縁組をすることが必要となる（民法795条本文）。

3 未成年後見人との養子縁組

未成年後見人が被後見人と養子縁組をする場合（いわゆる後見養子）には，家庭裁判所の許可を得なければならない（民法794条）。家庭裁判所の許可を要するとされているのは，未成年後見人がその地位を利用して，被後見人の財産を費消したり隠匿したりしたことを隠すために縁組を行うという弊害を防止するためであると解されている。

未成年後見人が被後見人たる未成年者と養子縁組をする場合，民法794条による許可（後見養子の許可）と民法798条による許可（未成年養子の許可）の双方を得る必要がある。

また，未成年後見人が15歳未満の被後見人たる未成年者を養子とする場合には，未成年後見人が，養親となる者であると同時に，養子となる未成年者に代わって縁組を承諾する法定代理人の立場でもあり，利益相反に該当するため，未成年後見人が未成年者の法定代理人になることができない。未成年後見監督人が選任されている場合には，未成年後見監督人が後見人に代わって縁組を代諾することとなり，未成年後見監督人がいない場合には，未成年後見人において特別代理人の選任を家庭裁判所に請求し，選任された特別代

理人が縁組の代諾をしなければならない。

4　未成年者の養子縁組の許可基準

　未成年者との養子縁組を行う場合の許可（民法798条）の一般的な基準については，明文の規定はないものの，その養子縁組が未成年者の福祉に合致するか否かを基準として判断されている。また，ここに言う未成年者の福祉とは，当該未成年者の福祉を積極的に増進することまでは必要なく，未成年者の現在及び将来の生活の妨げとなる縁組を除外すれば良いものと解されている。許可の審判においては，未成年者の福祉に合致するか否かという一般的な基準に基づき，個別事案における諸般の事情，例えば，縁組の動機，目的その他の事情，特に養親の側における親権を行使し得る能力の程度，経済的状況，養子との親和性，家族環境等を総合的に考慮して判断がなされることとなる。

　未成年後見人が被後見人たる未成年者との養子縁組を行う場合の許可（民法794条）の一般的な基準は，後見人がその地位を利用して，被後見人たる未成年者の財産を費消したり隠匿したりするような，財産管理に関する不正又は不当な管理を行うおそれがあるか否かであると解されている。民法798条の許可とは，許可を要することとした趣旨が異なるため，許可の基準も自ずと異なることとなる。

5　各事例の場合

　本事例(1)では，未成年後見人であるＸがその夫とともに，未成年者Ａとの間で養子縁組をするので，家庭裁判所に対して，未成年者の養子縁組の許可（民法798条）を求めるとともに，後見養子の許可（民法794条）も併せて求める必要がある。

　また，Ａは15歳未満であるから，法定代理人の養子代諾が必要となるが，法定代理人たる未成年後見人Ｘによる養子代諾は，利益相反行為となるので，家庭裁判所に対して特別代理人の選任を請求する必要がある。

　Ｘは特別代理人とともに，家庭裁判所による縁組許可の審判の謄本及び特別代理人選任審判の謄本を添付の上，戸籍事務管掌者たる市区町村役場に養

子縁組の届出をすることとなるが，養子縁組の成立により未成年後見人Ｘが養親（親権者）となるから，後見は終了する。Ｘは，養子縁組の届出の後に，未成年後見の終了の届出も行わなければならない。

　本事例(2)は，祖父母が未成年者Ａと養子縁組をする場合であるから，未成年者の養子縁組の許可は不要であり（民法798条ただし書），後見養子にも当たらないため，民法794条の許可も不要である。

　Ａが15歳未満であるため，未成年後見人Ｘは，Ａに代わって当該養子縁組を代諾するか否かを判断することとなる。その際，Ｘは，当該縁組がＡの福祉に合致するかを検討の上，代諾の判断をすることとなる。

　養親となる祖父母と未成年後見人Ｘは，戸籍事務管掌者たる市区町村役場に養子縁組の届出をすることとなるが，養子縁組の成立により祖父母が養親（親権者）となるから，後見は終了する。Ｘは，養子縁組の届出の後に，未成年後見の終了の届出も行わなければならない。

　本事例(3)は，未成年者Ａと血縁関係にないＢ・Ｃ夫婦との養子縁組であるから，未成年者の養子縁組の許可（民法798条）が必要となるが，当該許可の申立ては原則として養親となるべき者がすべきものであるから，Ｂ・Ｃ夫婦において家庭裁判所に対して民法798条の許可を求めることとなる。

　そして，Ａは15歳未満であるため，未成年後見人Ｘは，Ａに代わって当該養子縁組を代諾するか否かを判断することとなる。その際，Ｘは，当該縁組が未成年者Ａの福祉に合致するかを検討の上，代諾の判断をすることとなるが，Ｂ・Ｃ夫婦とＡとの間に血縁関係がないことに鑑みると，本事例(2)に比して，Ａとの親和性についてはより慎重な検討をすべきであろう。

　養親となるＢ・Ｃ夫婦と未成年後見人Ｘは，戸籍事務管掌者たる市区町村役場に養子縁組の届出をすることとなるが，養子縁組の成立によりＢ・Ｃ夫婦が養親（親権者）となるから，後見は終了する。Ｘは，養子縁組の届出の後に，未成年後見の終了の届出も行わなければならない。

Ⅲ　身上監護

4　他機関との連携

Ⅲ-4
他機関との連携

> 　未成年者Ａ（15歳）は３年前に両親が死亡し，以来母方祖母（75歳）が祖母宅で養育していたが，祖母の申立てによって未成年後見人として弁護士Ｘが選任された。
> 　Ａは現在高校１年生であるが，万引き等による補導歴が３件ある。先日，同級生に暴行し，全治１か月の傷害を負わせたとして逮捕勾留されてしまった。その後は家庭裁判所送致となり，観護措置決定がなされた。鑑別所の鑑別結果では知能レベルが境界知能との判定がなされている。
> 　Ｘ自身が行うべき身上監護はどのような内容か。また，ＸはＡの身上監護に際して，どのような機関を利用するべきか。

■■■■ ポイント ■■■■

　未成年者の身上監護について，非行や知的障害等の問題がある場合の後見人活動について考察する。

- □　非監護者の監督責任
- □　親族の身上監護
- □　家庭裁判所・少年鑑別所
- □　少年友の会・FPIC
- □　未成年者と障害（学校・職場との関係）
- □　未成年者の発達障害・療育センター

1　未成年者に対する監督責任（親族・非監護者）

　未成年後見人は親権者と同じ権限（身上監護権：民法857条，財産管理権：民法859条）を有しており，一方では監督義務者として同監督義務違反に関しては第三者に対して損害賠償責任を負う（民法714条）。

　未成年後見人の第三者責任については，本編Ⅴ-2で説明されているので，その法的解釈については同項に委ねるが，未成年後見人（特に弁護士や社会

143

福祉士等の専門職）が身上監護業務を遂行する際に直面する問題には，この監督義務者の責任がある。

未成年者が「他人に損害を加えた場合において，自己の行為の責任を弁識するに足りる知能を備えていなかったときは，その行為について賠償の責任を負わない」とされており（民法712条），一方で，この場合においては「その責任無能力者を監督する法定の義務を負う者は，その責任無能力者が第三者に加えた損害を賠償する責任を負う」となっており（民法714条１項），ここで言う「責任無能力者」には未成年者が，「法定の義務を負う者」には未成年後見人が該当し，専門職後見人も含まれる。

そして，「自己の行為の責任を弁識するに足りる知能を備えていなかったとき」（責任無能力の場合）の未成年者とは，概ね12歳以下（小学生）の者を指し，これら未成年者の行為に関する監督責任は実質的に無過失責任と考えられる。しかし，第三者の未成年後見人が，未成年者の行為（例えば小学３年生の未成年者が自転車事故を起こして他人に怪我を負わせたような場合など）について，一緒に生活をしていない場合（特に専門職後見人の場合）にまで，結果責任を負担することは，未成年後見人に対する過度な負担となり，その結果担い手不足にも繋がりかねない。そのため現在の実務上は，弁護士の場合には弁護士賠償保険等の加入の際に，「未成年後見特約」として未成年者の不法行為に対する監督責任賠償を附帯するようになっている。

本事例の未成年者Aは，15歳で民法上は独立して不法行為責任を負う立場であるから，この監督責任義務違反として，Xが第三者である被害者の同級生に民法714条の責任を負うことはない。ただし，Aに素行不良等の事情と共に，より密接かつ継続的な身上監護の必要があるにもかかわらず，XのAに対する身上監護が全く行われていないなど，X自身が独立して第三者に対する不法行為責任（民法709条）を負担することは有り得る。

2 少年事件

未成年後見人が選任されている未成年者が，逮捕勾留され家庭裁判所に送致された場合には，少年事件の「保護者」となる未成年後見人との関係が重要となる。前述の通り，未成年後見人が親権者と同じ身上監護権を有してい

III 身上監護

ることから，刑事手続（警察及び検察）・保護手続（家庭裁判所）においても，通常の親子関係における親と子の関係と何ら変わりない。

少年事件における手続の流れは，以下のフローチャートを参照されたい。

少年事件手続の流れ

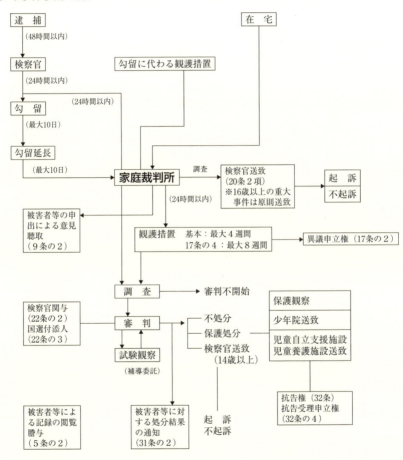

※　図中の条文は全て少年法
※　重大事件：故意の犯罪行為により被害者を死亡させた罪の事件であって，その罪を犯すとき16歳以上の少年にかかる事件（少年法20条2項）

警察での逮捕（48時間）・検察での勾留（24時間）までは，成人と変わらない。通常の成人の刑事事件と異なるのは，少年事件はその全ての事件を家

庭裁判所へ送致しなければならず（全件送致主義：少年法41条，42条），少年の非行事実に対しては必ず家庭裁判所の関与がなされ，少年を「保護する」というスタンスがとられている。

この保護するというアプローチには，審判を開始するか否かが決められた後，保護処分（少年院送致，児童自立支援施設送致，児童相談所送致，保護観察処分等）が検討されるが，ここで判断の基準となるのが，非行の態様はもちろんであるが，保護者との関係や少年の居場所等の環境調整の内容が非常に大きく影響する。

本事例の未成年者Aについても，傷害罪で家裁送致された後，観護措置決定がなされているので，実務上は約4週間の少年鑑別所での観護がなされるが，その際には，Aの反省態度もさることながら，居場所（学校や家庭）が確保されており，審判後に保護者や学校と良好な関係を保つことができるかが非常に重要となってくる。そのため，未成年後見人Xとしては，審判後のAについて，具体的に何処で居住し（母方祖母との環境調整），就学先との連携体制についても調整する必要がある。この環境調整作業も未成年後見人の身上監護の範囲である。なお，未成年後見人が親族の場合には，こうした環境調整の補助的役割を担う者として付添人制度（弁護士）があり，法律上は懲役10年以上の犯罪には国選付添人が選任される場合もある。仮に国選が選任されない場合でも，日本司法支援センター（法テラス）の援助を利用して付添人弁護士を選任することができるので，積極的に利用するべきである。

Xは弁護士であるので，未成年後見人かつ弁護士として，適切に刑事事件の弁護人及び少年事件の付添人としての対応を行い（被害者との示談交渉も含まれる），保護者としての環境調整も期待される。この調整が功を奏すれば，Aは再度自宅（祖母宅）で祖母と同居させながら，社会復帰を促すべきであるし，逆に環境調整ができないような場合（家や学校に寄りつかない状況）であれば，施設収容も検討しなければならない。

3　関係機関（更生保護・発達支援）

未成年後見人が選任される際の未成年者には，親権者がいない子どもだけでなく，素行不良や障害を持っている子どもも含まれる。

Ⅲ　身上監護

　本事例の未成年者Ａも，境界領域知能（概ね知能指数が70〜85。平均は100程度）であり，軽度の知的障害が伺われる。このような場合において，未成年後見人はいかなる身上監護を行えばよいのか。

　前述のように，未成年後見人の権限は親権者と同様に広範囲であり，少年事件となった場合にも「保護者」としておよそ考えられる全ての環境調整を行える。また，未成年後見人が弁護士であるならば，刑事事件手続（逮捕から家庭裁判所送致まで）での弁護人活動や，少年事件（家庭裁判所送致から審判まで）での付添人活動が可能である。こうした意味では，専門職後見人の役割は実父母よりも幅広い。

　しかしながら，素行不良（非行・犯罪行為）の発生や障害，貧困等，通常の身上監護ではない後見人活動において，親族未成年後見人や専門職未成年後見人が全責任を負担しなければならないのでは，制度そのものが維持できないと言わざるを得ない。付言するなら，こうした背景が複雑な事案においては，親権者（実父母）でも，身上監護者以外の第三者機関に援助を求めるべきであり，この理は未成年後見人であれば尚更ということになる。

　そして，未成年者である少年の家事手続（保護処分）において，施設収容（少年院送致等）ではなく，保護観察処分がなされた場合には，未成年後見人自身が，保護観察官・保護司との連携を密にし，複数で少年の改善更生へのアプローチを図ることが重要となる。こうした特別の配慮を要する未成年者へのアプローチにおいては，親権者や未成年後見人だけではなく，多くの関係者が少年の育成（改善更生・社会復帰）をバックアップしなければならない。まさに社会的養育が必要となってくるのである。

　この点，全国の家庭裁判所には，家事調停委員等の有志で組織する，少年友の会というボランティア団体があり，非行を行った少年に対するサポートを行い，特に民間の少年付添人活動も行っている（本部は東京家庭裁判所内）。また，公益社団法人家庭問題情報センター（通称「FPIC」）でも，近年では家庭裁判所調査官のOBらが，積極的に未成年後見人の受任も行っている。昨今の法改正においては，未成年後見人の法人受任や複数受任が認められたことからしても，困難な事例においては，弁護士等の専門職とこれら団体が複数で未成年後見人を受任することも考えられる。

家庭裁判所も，複数選任や追加選任については，柔軟に対応しているようであるから，未成年後見人も「1人で抱え込まない」というスタンスで，身上監護に臨むべきである。

4 未成年者と障害

近年では教育現場において，子どもの発達障害が取り上げられることが非常に多く，この傾向は未成年後見や児童福祉（虐待対応），少年事件においても例外ではないことから，障害を有する未成年者について簡単に補足する。

我が国では，「障害者」として，行政機関が一定の障害を有していることを認定するいわゆる「手帳」を所持している者が約500万人に上り（厚生労働省ウェブサイト「平成28年生活のしづらさなどに関する調査（全国在宅障害児・者等実態調査）」参照），この中には，身体障害者手帳・精神障害者福祉手帳と，児童が取得する「療育手帳」がある。

療育手帳は，知的障害児の保護及び自立更生の援助を図るとともに，知的障害児に対する社会の理解と協力を深めるために交付され，知的障害者の福祉の増進に資することを目的としており，基本的に障害の程度によって1度から4度に区分される。手帳の交付を受けるためには，各自治体の児童相談所で判定を受ける必要があり（18歳未満の知的障害児），自治体によって手帳の名称や対象児童が異なるが，例えば東京都では，発達期に何らかの原因により知能遅滞が起こり，そのために日常生活に相当な不自由を生じ福祉的配慮を必要としている児童にも「愛の手帳」として交付される（広汎性発達障害など知的障害を伴うと判定された場合にも手帳が交付される）。

そして，平成17年の療育手帳所持者は約42万人であったが，平成23年では約62万人と（厚生労働省ウェブサイト「平成23年生活のしづらさなどに関する調査（全国在宅障害児・者等実態調査）」参照），子どもの数が減っているにもかかわらず，知的障害児童の数は激増していると言ってよい。この原因については，多くの議論がなされており，診断精度が向上したとの指摘もあるが，実際の教育現場や福祉現場でも，明らかに「発達障害」を持つ児童が増えているのではないかと解される。実際，児童養護施設入所児童のうち，何らかの知的障害を持つ子どもの割合は，平成10年は10.3％であったのに対し，平

成25年は28.5％と，３人に１人の割合で何らかの知的障害を持っている。同じく，少年事件の付添人を複数担当してみると，多くの少年には知的障害があることが分かり，特に鑑別所の調査結果では，知能指数が75以下の少年を見ることは少なくない。

　つまり，児童養護施設で保護される（多くが被虐待児童）子ども（18歳未満の児童）と，非行に走る子ども（20歳未満の未成年者）の個人的属性には，知的なハンディキャップが隠れていることが多いことには，注意しなければならない。また，知的障害（学習障害・広汎性発達障害を含む）を持つ大半の児童・未成年者は，療育手帳の取得機会を逸しており，手帳を持っていなくとも，「知的障害」のカテゴリーにある未成年者も多いのである。

　このように，非行少年や被虐待児童の背景には，知的な障害が隠れていることについては，未成年後見人としても留意するべきである。そして，こうした兆候がある未成年者への身上監護においては，未成年者の発達障害を診断できる小児科医や児童相談所への相談，地域の療育センターとの連携は欠かせない。

　本事例でも，15歳のＡは，観護措置（少年鑑別所）を契機として，知能指数がいわゆる境界知能との判定がなされているから，今後は「知的障害児童」として手帳取得や特別支援学校への通学等，福祉的なアプローチを行うのか，それともいわゆる発達障害のレベルで，適切な学習支援や援助があれば，通常の就学や就業が可能であるのかを見極めながら身上監護を行う必要がある。

　弁護士である未成年後見人Ｘは，医療・福祉や教育的なアプローチは専門外であることから，身近なところでは学校のカウンセラーや養護教諭との情報共有，より専門的には，児童相談所・療育センターの相談員（社会福祉士や精神保健福祉士）への相談，小児科医師の診察等，多くの機関と連携して「チームアプローチ」を心掛けなければならない。

5 医療同意

> 　非嫡出子である未成年者Ａ（３歳）は，母親が行方不明となったことから，Ａの母方祖母であるＸが養育している。
> 　今回，Ａには手術を必要とする重大な慢性疾患が見つかり，このままでは命の危険性がある。しかし，Ｘは宗教的な主張を持っており，Ａの身体にメスを入れること自体を頑なに拒否している。病院は「幼児の手術では，保護者の同意がない場合にはできない」との方針である。
> 　Ａが手術を受けるにはどのような方法があるか。

ポイント

未成年者の身上監護で問題となる医療ネグレクトについて説明し，未成年後見人が選任された場合を考察する。

　□　医療ネグレクト
　□　親権の一時停止
　□　未成年後見人の身上監護の範囲
　□　未成年後見人の医療同意
　□　緊急時の対応（病院側とのやり取り）

1　医療ネグレクト

(1)　医療行為

　医療行為（医行為）とは，「当該行為を行うに当たり，医師の医学的判断及び技術をもってするのでなければ人体に危害を及ぼし，又は危害を及ぼすおそれのある行為」であり（「医師法第17条，歯科医師法第17条及び保健師助産師看護師法第31条の解釈について」平成17年７月26日医政発第0726005号厚生労働省医政局長通知），①医師による治療目的であり，②医療行為の方法が現代医療の見地から見て妥当と解されるものであって，③患者本人の同意がある場合には，医師による業務行為として適法とされる。すなわち，

Ⅲ　身上監護

患者本人の医療行為に対する同意は，身上監護行為としての身体処分に関する意思決定行為であり，身体への侵襲に対する違法性阻却事由となると解される（正当業務行為）。

Ⅲ-5
医療同意

(2)　医療ネグレクト

医療行為を行うには，患者本人の同意があることが前提であるが，未成年者については，医療行為に対する理解，判断能力が未成熟，あるいは新生児・幼児はそもそも自らの意思を表示すること自体不可能であることから，治療に際しては，親権者等が未成年者本人に代わって意思決定をし，同意をするという解釈（代諾）がとられている。医療機関は，親権者等に同意権があり，その同意を得ることが必要であることを前提に，医師による法定代理人に対する説明義務を負い（最二小判昭和56年6月19日判時1011号54頁等），必要な治療であっても，親権者等の同意なく，あるいは積極的に拒否している場合にまでこれに反して医療行為を強行することができない。医師の行為が，上記の要件③を満たさず，原則として違法となるのである。

医療ネグレクトとは，こうした代諾，すなわち治療には親権者等法定代理人による同意が必要とされることを前提に，その者らが医療水準や社会通念に照らして必要かつ適切な治療を子に受けさせないという行為であり，児童虐待の一類型である。

子に必要とされる医療を受けさせないことにより，子の生命・身体に重大な影響があると考えられ，その安全を確保するため医療行為が必要な事例であって，医療機関が医療行為を行うに当たり親権者等による同意を必要とするものの，親権者等の同意が得られないため，医療行為を行うことができない場合がこれに当たる（「医療ネグレクトにより児童の生命・身体に重大な影響がある場合の対応について」平成24年3月9日雇児総発0309第2号厚生労働省雇用均等・児童家庭局総務課長通知）。

日本小児科学会においては，以下の5点についての認識の共有がある場合，医療ネグレクトに該当すると判断されている（公益社団法人日本小児科学会ウェブサイト「子ども虐待診療の手引き（第2版）」）。

①　子どもが医療行為を必要とする状態にある。

151

②　医療行為をしない場合に不利益を生じる可能性が高い。

③　その医療行為の有効性と成功率に高さが認められている。

④　保護者が求める治療・対処法の有効性が保障されていない。

⑤　通常であれば理解できる方法と内容を説明している。

　こうした医療ネグレクトを認めた場合，医療機関が親権者等の同意なく，あるいはその意思に反して子に対する治療を実施するか否かについて，法令上の規定はなく，医療機関は個々にガイドラインを作成するなどして対応をしていることが多い（なお，宗教的輸血拒否については，平成20年，宗教的輸血拒否に関する合同委員会が，「宗教的輸血拒否に関するガイドライン」を報告しており，18歳以上，15歳以上18歳未満，15歳未満の３段階で年齢と親権者等の態度に応じた対応を定めている）。

　医師は，たとえ緊急の状況であるとか，親権者による不同意・反対が明らかに不合理だったとしても，親権者等の同意を得ず，その意思に反して医療行為を行った場合には，患者本人，及び同意権者の自己決定権の侵害として不法行為に基づく損害賠償請求等をされたり，場合によっては医療行為につき違法性阻却事由を欠くと評価されたりする可能性もあり，その責任を問われることとなるのである。

　本事例の場合には，未成年者Aは非嫡出子であり，唯一の親権者である母が行方不明であることから，親権者の同意が得られない。そうなると，Aを現に監護している保護者たる祖母Xが，その同意権者となるところ，Xは自らの宗教的思想に基づきこれを拒否している。病院は「幼児の手術では，保護者の同意がない場合にはできない」という方針とのことであるから，３歳の幼児たるAについては，親権者の母，保護者Xいずれからも同意が得られない以上医療行為は行えないという事態が生じることとなる。

⑶　**医療ネグレクトと通告義務**

　しかしながら，生命身体に影響のある重大な疾病が認められ，適切な医療行為を施せば救えるにもかかわらず，親権者・保護者の同意がないとしてそのまま治療をせず，子の生命身体に危険が及ぶことを放置するのは明らかに相当でない。

　このような場合に，親権者・保護者の同意なく医療行為を実施するため

には，児童相談所の関与が不可欠となる。

医療機関は，児童虐待の早期発見に努めなければならない立場にあり（児童虐待防止法5条），児童虐待を受けたと思われる児童を発見した者は速やかに児童相談所等に通告する義務がある（児童虐待防止法6条）。前述の通り，医療ネグレクトは虐待に該当する行為であるから，医療機関は，医療ネグレクトが疑われる場合には，現に医療行為を実施するか否かの問題とは別に，児童相談所等への通告をしなければならない。

本事例の場合も，祖母Xの不同意は明らかに医療ネグレクトであるから，虐待に該当する。そして医療行為への同意が必要であることから，病院は直ちに児童相談所に通告をする義務を負う。こうして通告を受けた児童相談所は，Aに対する一時保護決定をした上で，医療行為に同意をするため手続に入ることとなる。

(4) 医療同意のための手続

医療ネグレクトの通告を受けた児童相談所は，速やかに対象児童について一時保護決定をした上で，対象児童の病状の緊急性に応じ，以下のような手続を選択することとなる。

① 親権停止又は喪失と未成年後見人選任

児童相談所長が親権停止又は喪失の審判を申し立て，親権停止（又は喪失）後に未成年後見人選任の申立てを行う。選任後の未成年後見人が親権者として医療行為に同意することとなるが，緊急性に応じ，未成年後見人選任までの間に，児童相談所長が親権代行者として医療行為に同意することも可能である（名古屋家審平成18年7月25日家月59巻4号127頁）。

② 親権停止又は喪失の審判と審判前の保全処分

対応が急がれる場合には，親権停止（又は喪失）の審判を申し立てるとともに，審判前の保全処分として親権者の職務執行停止及び職務代行者の選任を申し立て，選任された職務代行者，又は申立中の親権代行者として児童相談所長が医療行為に同意をすることになる。

③ 児童相談所長による同意

児童相談所長等は，児童の生命・身体の安全を確保するために緊急の必要があるときは，親権者等の意に反しても必要な措置をとることがで

きる（児童福祉法33条の2第2項，47条3項）。そのため，上記のような各審判手続等を行い，決定を待っている時間的余裕のないほどに緊急の必要がある場合には，児童相談所長が一時保護中の児童に対する親権代行者として同意をすることとなる。ただしこの場合でも，医療機関側が，自院の方針・ガイドラインに基づき，親権者等の同意がない，あるいはむしろ積極的に反対しているということを理由に，医療行為の実施を控えるという場合は当然あり得る。

　本事例の場合においても，以上のような手続をとることにより，現実に監護する保護者たるXの意思に反していたとしても，監護者の措置として未成年者Aに必要な医療行為を受けさせることになる。病院から通告を受けた児童相談所長は，まず直ちにAについて一時保護の決定を行い，その上でAの病状の緊急性に応じ，自ら医療行為への同意をし，Aに手術を受けさせることとなるが（③の措置），時間的余裕がある場合や，医療機関が児童相談所長の親権代行者としての同意では足りないとする場合には，速やかに①又は②の手続をとることとなる。

2　親権の一時停止

　親権の一時停止とは，「父又は母による親権の行使が困難又は不適当であることにより子の利益を害する」場合，児童相談所長等の申立てにより，最長2年間，家庭裁判所が親権を停止することができる制度である（民法834条の2）。親権停止の審判がなされればその旨が子の戸籍に記載され，親権が停止している間の親権は，児童相談所又は児童の入所する施設の長，あるいは選任された未成年後見人が行使することとなる。

　従来，親権を制限する手続としては，「親権喪失」（民法834条）の手続のみが定められていた。しかし，親権喪失は，親権の全てを将来にわたって喪失させる手続であり，「父又は母による虐待又は悪意の遺棄があるときその他父又は母による親権の行使が著しく困難又は不適当であることにより子の利益を著しく害するとき」でなければならず，更にその原因が2年以内に消滅する見込みがある場合には認められないとされている。すなわち，将来にわたって継続的に子の利益が害されることが想定され，親権者と子を完全に

切り離す必要があるというような場合にしか認められない。

本事例のような，医療同意を行うというような限定的な目的の場合にまで，親権の全てを喪失させてしまうのでは，過剰な親権の制限になりかねないという問題もあり，子と親権者を完全に分離しなければならない重大な事態でない限り，安易に利用すべきではないとされている。

そこで，子に生じている事態が親権喪失の要件を満たすような重大な事態で，2年以上にわたって親権を行使させない必要性が認められる場合には，親権停止ではなく親権喪失を申し立てることもあり得るが，限られた目的で親権を停止し，代行する必要がある場合であれば，親権の一時停止によって対応することが求められる。

本事例の場合，未成年者Aは生命身体に重大な影響があると考えられるにもかかわらず，親権者である母が行方不明のため医療行為への同意が得られず，更に保護者（事実上の監護者）である祖母Xの反対により，必要な手術が受けられない状態に置かれている。しかし，現時点では他にAについて直接的に深刻な虐待，その他あえて母の親権を喪失させるほどの重大な事情がなく，この医療行為を実施する必要性から手続を選択するのであれば，児童相談所長は親権喪失ではなく，親権を一次的に停止させる親権停止の申立てを選択すべきである。

3 未成年後見人の身上監護の範囲と医療同意

では，未成年者に未成年後見人が選任された場合には，未成年者の医療同意について，身上監護権をどのように考えるべきか。

未成年後見人に医療同意の権限あるいは義務があるのかについては，明文規定はなく，これまで正面から判断された事例もない。そのため，事案に応じて個別具体的に判断せざるを得ない。なお，成年後見人の場合，被後見人の医療行為への同意権はないとされている。

原則として，未成年後見人が，未成年者の身上監護の一切について「親権を行う者と同一権利義務を有する」（民法857条，820条）ことからすれば，身上監護権の範囲内の行為として，必要な範囲において医療同意を行う権利義務を有すると考えられる。ただし，未成年後見人は医療等について必ずしも

専門的知識を有しているわけではない。そのため，親権者以外の親族がいればその親族に事情を説明し医療同意をしてもらうべきであるし，未成年者本人がある程度の年齢で医療行為に対する判断能力を有している場合にはその意思を尊重する必要がある。

しかしながら，親族が全くいない又は音信不通という場合や，いるもののその親族の判断能力に問題がある，あるいは不合理な理由で不同意，あるいは積極的に反対されたというような場合には，未成年後見人自身が同意をし，医療行為を実施させるほかないこととなる。その場合，未成年後見人が治療の結果について，何らかの責任を負うことがあり得るかについては，親が自らの子に対する身上監護に関する権利義務を行使するにつき第三者に対して責任を負ったり，第三者から不必要に意思決定に介入されたり，あるいは妨げられるようなことはない。そのため，同意をした医療行為によって未成年者に不利益な事態や重篤な事態が生じたとしても，通常の注意義務を怠ったなど特段の事情がない限りは，その責任を問われることはないと解される。

いずれにせよ，未成年後見人において医療行為への同意が必要な場合には，医師その他関係者から医療行為について十分な説明を受けその医療行為が相当であるものかを確認し，さらに未成年者本人や親族，関係機関などと十分に協議をすることが重要である。

本事例においても，祖母Xが保護者として不適切とされ，未成年後見人が選任されることは十分にあり得る。その場合には，未成年者Aの未成年後見人は上記のような点に注意しながら身上監護の範囲で医療同意を行うべきである。

4 緊急時の対応（病院側とのやり取り）

次に，既に未成年後見人が選任されているケースで，未成年者が入院治療中，あるいは突然の急病・怪我などで緊急手術が必要な事態が発生した場合等に，未成年後見人として病院側はどのようなやり取りをするべきであるかについて補足する。

親族後見人の場合には，実際に日常的な監護を行っていることから，緊急時にもスムーズに病院側とのやり取りが進められる場合が多い。施設に入所

している未成年者であれば，病院側にも後見人との連絡・対応については病院にマニュアルが用意されていることがほとんどであろうから，事前に確認し，調整をしておくことで適切な対応をとることができると思われる。

　一方で，施設に入所しておらず，日常的に監護養育をする親族などがいない未成年者に専門職後見人がついている場合には，注意が必要である。未成年者が，持病や，治療中の疾病があり入院通院をしている場合には，事前に病院と未成年後見人との間で緊急時の連絡先，対応について話し合い，取決めをしておくことが望ましい。緊急搬送された場合には，病院側は未成年後見人が選任されているかどうかも分からない可能性もあるので，事実上の監護者，入所施設にまず連絡がいくだろうから，未成年後見人としては，選任後そういった関係先と緊急時の対応について協議をしておくべきであろう。

　監護に関与していないが未成年者と一定の関係が構築されている親族がいる場合には，病院からそちらに連絡が行く可能性もあるから，未成年後見人としては，選任後未成年者の親族関係を調査し，未成年者から連絡を取っている（連絡が取れる）親族の有無やその者の連絡先を確認し，あらかじめ未成年後見人から連絡を入れておくことも検討すべきである。

　なお，妊娠中の未成年者の場合には，出産（分娩処置）に際して未成年後見人ではなく未成年者のパートナー（胎児の父親）が対応をすることで足りる場合が多い。実際にも，未成年後見人よりも近くで寄り添っているパートナーの方が緊急時の対応がスムーズに行えることもあり，むしろ専門職後見人よりもそちらの方を優先したいとしている病院もある。そのため，未成年者が妊娠した場合には，健診先・分娩先が決まれば一度病院を訪れ，未成年者の状況を説明し，パートナーの対応のみでどこまで対応するのか，未成年後見人が必要となる場合はどの範囲かなどを確認するとともに，パートナーの判断・対応を優先するとしても，緊急時や大きな治療・判断となる場合には後見人にもその旨連絡を入れるよう依頼をする，パートナーとも連絡先を交換しておくなど，あらかじめ関係者との調整をしておくべきである。また，未成年者が，妊娠したことを契機として，パートナーと婚姻する場合には（いわゆる授かり婚），婚姻による成年擬制が生じ（民法753条），未成年後見自体の終了原因となることにも注意が必要である。

6 複数後見・親族間対立

> 未成年者Ａ（12歳女児）は，数年前に両親が相次いで亡くなっており，独身の伯父Ｘ（母の兄）に引き取られ２人で暮らしている。なお，亡き母には２人の姉もいる。
>
> この度，ＸがＡの未成年後見を申し立てたところ，他の親族（Ｘの姉）から，「ＸはＡの母の遺産を勝手に処分したことがある。後見人としては相応しくない」との意見が出た。Ａの意見は「引き続きＸと暮らしたい」とのことであったため，家庭裁判所は，ＸをＡの未成年後見人として選任するとともに，弁護士Ｚを未成年後見人として追加選任した。
>
> Ｘ（親族）とＺ（専門職）の役割はいかなるものか。

━━━━━━━━ **ポイント** ━━━━━━━━

平成23年に改正された未成年者の複数後見について解説し，後見人間の権限分掌について考察する。

- ☐ 複数後見
- ☐ 権限分掌の実務（民法857条の２）
- ☐ 未成年者の意見聴取
- ☐ 後見人間（権限）の対立
- ☐ 後見制度支援信託の活用

1 複数後見

従来，未成年後見人は１人でなければならないと民法上定められていたが（旧民法842条），平成23年の民法改正により，未成年後見人についても，成年後見人と同様に，複数の後見人を選任することが可能となった。家庭裁判所は，当初から複数の未成年後見人を選任することもできるし，既に未成年後見人が選任されている場合において，必要があると認めるときは未成年後見人を追加で選任することもできる（民法840条２項）。

158

未成年後見人が複数選任された場合，原則として，その権限は共同して行使することとされているが（民法857条の2第1項），家庭裁判所は，未成年後見人が複数ある場合には，職権で，①未成年後見人の一部の者について，財産に関する権限のみを行使すべきことを定めること（民法857条2項）や，②財産に関する権限について，各未成年後見人が単独で又は数人の未成年後見人が事務を分掌して，その権限を行使すべきことを定めることができる（民法857条3項）。

なお，未成年後見人が複数選任されている場合，第三者の意思表示は複数の未成年後見人のうちの1人に対してすれば足りるとされている（民法857条4項）。

2　権限分掌の実務

未成年後見人の複数選任の典型例としては，親族後見人と，弁護士等の専門職後見人とが選任され，財産管理事務のみを専門職後見人が分掌し，親族後見人において財産管理事務以外の事務（身上監護等）を分掌するという形式をとることが多いかと思われる。

家庭裁判所がこのような形の分掌を決定する場合としては，管理財産が多額である場合，親族間の対立や法的対応を要する場合，親族後見人による財産管理に不正が疑われる場合などが考えられる。また，後見開始の当初は親族後見人が単独で選任されていたところ，裁判所や後見監督人への定期報告を怠るなどした結果，弁護士等の専門職後見人が追加で選任される場合も相当数ある。

本事例の場合は，未成年者Aが伯父Xと暮らしており，A自身から「引き続きXと暮らしたい」との意見が表明されていることから，Xに身上監護を行わせることが適切であるとの判断のもと，Xが未成年後見人として選任されたものと思われる。他方，他の親族から，「XはAの母の遺産を勝手に処分したことがある。後見人としては相応しくない」との意見が出されていることも踏まえ，家庭裁判所としては，財産管理事務をもXに任せることは適切ではないと考え，Xに加え，弁護士Zも未成年後見人として選任されたと考えられる。

権限分掌の内容については，家庭裁判所の下す審判内容によって定まるが，本事例では，「未成年後見人Zは，財産管理に関する事務を分掌する」，「未成年後見人Xは，財産管理に関する事務以外の事務を分掌する」などの定めがなされる可能性が高い。

XとZは，権限分掌の定めに従って，それぞれ未成年後見人としての活動を行うこととなるが，後見事務においては，財産管理事務に該当するのか，身上監護事務に該当するのか，明確に区別することが困難な事務も少なからず存在する。例えば，Aは現在12歳の小学生であるが，中学受験をするか否かについては，身上監護の側面を有する一方，入学金・授業料等の支出を伴うものであるから，財産管理の側面をも有するものである。専門職後見人Zとしては，財産管理事務を適切に行うためにも，親族後見人Xの協力を得ながら，Aとコミュニケーションを取り，その意思の把握に努めることが不可欠である。

また，親族後見人と専門職後見人が選任されている場合，未成年者の身上監護を担う親族後見人と未成年者との関わりが強い一方，親族後見人による未成年者の財産の費消など，親族後見人による未成年者への関わり方の不当性について，専門職後見人として調査をすべき場合も少なくない。親族後見人による不正が疑われるような場合，専門職後見人としては，その職務として事実関係を調査すべきであるし，必要がある場合には，親族後見人に対する法的措置をも検討すべき場合もある。

このように，専門職後見人は，親族後見人と協力関係を築き上げる必要がある場合もあれば，対立的関係にならざるを得ない場合もある。特に，未成年者が親族後見人と同居しており，未成年者と親族後見人の関わりの程度が密接な場合，専門職後見人として，未成年者の福祉の観点から，いかなる方針のもと，親族後見人と関わるべきか非常に悩ましいところである。専門職後見人としての活動のあり方については，個別事案における諸般の事情を踏まえ，各専門職後見人において判断せざるを得ないが，専門職後見人が親族後見人に対する法的措置をとらざるを得ない事案において，専門職後見人を追加選任し，2名の専門職後見人のうち，専門職後見人間において，身上監護に関する事務とその他の事務（親族後見人への法的対応等）を分担するこ

ととした例も報告されている。専門職後見人においては，親族後見人との関わりについて検討を要する場合には，適宜，家庭裁判所に状況を報告し，協議をしておくことも重要であろう。

3　後見制度支援信託の活用

　未成年後見人が複数専任されている場合，専門職後見人が専任される理由の１つとして，未成年者の財産が比較的多額に上ることが挙げられる。未成年者の財産の主要部分が預貯金であり，親族後見人による未成年者の身上監護に大きな問題がなく，解決すべき法的課題もない場合であれば，後見制度支援信託を利用して，専門職後見人が後見の職を辞任し，親族後見人に財産管理に関する事務も含め，全ての後見事務を委ねるという選択肢も存在する。

　その場合，専門職後見人としては，後見制度支援信託を利用するに当たり，未成年者の生活状況を踏まえた今後の収入及び支出を予測し，未成年者の預貯金のうち，どの程度の金額を信託の対象とするか，親族後見人が日常的な支出に充てるための金額をどの程度に設定するかなどを検討し，家庭裁判所に報告書を提出する必要がある。

　家庭裁判所は，専門職後見人から提出された報告書の内容を確認し，後見制度支援信託の利用に適していると判断した場合，専門職後見人に対して指示書を発行する（詳細は第１編第５章参照）。専門職後見人は，利用する信託銀行等に指示書を提出し，信託契約を締結する（信託契約締結後は，一時金交付，定期交付金額の変更，追加信託及び解約の際には，それぞれ家庭裁判所の発行する指示書が必要となる）。その後，専門職後見人としての関与の必要がなくなれば，専門職後見人は辞任する（もっとも，専門職後見人が辞任後も親族後見人から後見制度支援信託やその他未成年者との関わり方等について助言を求められることもあり，未成年者の福祉のために必要と考えられる場合には，これに事実上対応すべきであろう）。辞任後，専門職後見人は，親族後見人に対し，専門職後見人が管理していた財産の引き継ぎを行う必要がある。

Ⅳ
終　結

1 終了手続

　未成年者Aには未成年後見人Xが選任されており，Xが未成年者Aの両親が残した財産3000万円を管理していたが，今回Aが成人となった。
　Xは，どのような手続を行う必要があるのか。

ポイント

未成年後見人の終結手続について解説する。
- □ 成年後の未成年後見人の手続
- □ 終了報告
- □ 戸籍記載事項（嘱託制度）
- □ 財産管理移行手続

1 未成年後見の終了事由

　未成年後見制度では，①未成年者が成年に達したり，婚姻したりした場合（成年擬制），②未成年者が養子縁組した場合，③未成年者が死亡した場合等には，後見自体が終了する。その場合，未成年後見人は，未成年者の財産を成年になった本人，若しくは養親に引き継ぐともに，財産の現状について家庭裁判所に報告をしなければならない。

2 成人後の未成年後見人の手続

　未成年者が成年に達した場合，未成年後見人は，2か月以内に管理していた財産の計算（後見の計算）をして家庭裁判所に報告し（民法870条），未成年者の財産を未成年者に引き継がなければならない（その際には，未成年後

見人が作成した引継報告書を家庭裁判所に提出しなければならない）。また，未成年後見監督人が選任されている場合，後見の計算については監督人の立会いをもってしなければならない（民法871条）。

なお，未成年後見人が未成年者に返還すべき金額には，後見の計算が終了したときから利息を付さなければならないとされている（民法873条1項）。そのため，未成年後見人には速やかな清算業務が求められている。

また，未成年後見人は，後見終了の日から10日以内に，未成年者の本籍地又は未成年後見人の住所地の市区町村役場に「後見終了届」を提出しなければならない（戸籍法84条）。未成年後見人選任時においては，未成年後見が開始した理由，未成年後見人の氏名・本籍・筆頭者，選任審判確定日が，家庭裁判所書記官からの嘱託により未成年者の戸籍に記載されることとなるが（嘱託制度），未成年後見終了時においては，このような嘱託制度がないため，未成年後見人において届け出る必要があることには留意する必要がある。

未成年後見人（特に専門職後見人である場合）は，後見終了までの監督事務に対する報酬を請求することができるが，未成年後見人は，未成年者に対して財産を引き継ぐ前に，家庭裁判所に対して報酬付与の申立てを行い，家庭裁判所において定められた報酬金額を未成年者の財産から控除した上で，その残額を未成年者に引き継ぐという方法をとることが一般的である。

3　財産管理移行手続

前述の通り，未成年者が成人すると，後見は終了し，未成年後見人は管理していた財産を未成年者本人に引き継がなければならない。しかしながら，未成年後見人が管理していた財産が多額に上る場合で，更に未成年者の管理能力等が十分でない場合，これを直ちに未成年者本人に全て引き継ぎ，その管理を未成年者本人の手に委ねると，自ら費消しまうのみならず，友人等からの借入要求を断れない，消費者被害に遭うなどして，財産を失うことが危惧される。そこで，未成年者の利益を害することのないように，未成年者と未成年後見人とが協議し，未成年者と未成年後見人との間で築き上げてきた信頼関係の下，成人後，新たに財産管理契約を同後見人との間で締結し，財産管理を同後見人において継続するという方法についても考えられる。ただ

し，成年後の財産管理者については，家庭裁判所の監督が及ばないこともあり，被管理者となる成年者に対しては，定期的な通帳や財産目録の開示，収支状況の報告等，管理の適性を担保する必要がある。

　本事例の場合も，未成年者Aの財産としては両親が残した3000万円があり，成人したばかりのAが直ちに3000万円もの多額の財産を管理することとなれば，適切に維持管理することができずに浪費してしまう，財産目当てに近づいてくる第三者に財産を奪われてしまうなどといった危険性も否定できない。未成年後見人Xとしては，成人後の財産の管理方法についてAと十分に協議の上，AにおいてもXが財産管理を継続することを希望するのであれば，Aとの間で財産管理契約を締結し，後見終了後においてもAの財産管理に関わるということを検討すべきであろう。ただし，財産管理契約は，あくまでAの意思に基づくものでなければならないため，Aが強く3000万円の引き渡しを希望する場合にはXはAに3000万円を引き渡さざるを得ない。また，財産管理契約を締結した場合であっても，永続的にXがAの財産管理を継続するわけにはいかないので，財産管理の期間を定め，Aの管理能力の成熟度合いを確認しながら，徐々にA本人の自立的な財産管理への移行を進めていくことになる。

Ⅳ　終　結

2　辞　任

> 　中学生である未成年者Aは，実両親と生活しているが，都内に多くの
> 不動産を所有する父方の祖父母と共同養子縁組をした。その後，養親で
> ある祖父母ともに死亡し，Aには弁護士Xが未成年後見人に選任され，
> 相続手続（遺産分割協議）が行われた。
> 　Aの実両親は相続が完了したのであるから，再びAの親権を行使した
> いと考えている。どのような手続が可能か。また，未成年後見人である
> Xは，相続手続に際して，相相続人であるAの父親と鋭く対立し，Aの
> 財産管理や身上監護が困難となった。Xはどのようにするべきか。

Ⅳ-2
辞
任

=== ポイント ===

　養親死亡による親権終了に際して，未成年後見人以外の親権行使方法を考
察し，未成年後見人の辞任制度についても解説する。
　　　□　祖父母との養子縁組（養親の死亡と親権者の地位）
　　　□　死後離縁手続・再度の養子縁組
　　　□　辞任・解任事由
　　　□　辞任・再選任手続

1　養親の死亡と親権者の地位

　本事例の前提として，本編Ⅱ-4，5でも解説した通り，養親が死亡して
も，未成年者の親権は復活しない。

　しかし，いわゆる相続対策のために未成年者と祖父母が養子縁組し，その
遺産相続手続で後見人が選任されてしまうと，たとえ遺産相続処理が全て完
了したとしても，未成年者が成年を迎える日まで，未成年後見人の地位は継
続することになる。一方で，未成年後見人が選任されている以上，実父母の
親権が効力を生じることはない。

　こうしたケースは，意外にも多く，弁護士や司法書士といった専門職後見

165

人が選任されるような場合には，養父母（祖父母）の死亡によって相続手続が完了し，外形上は元に戻った親子関係に，外部の専門家が入り，親権と同じ権限を行使するという奇妙な関係が残り，当事者間は違和感を覚えることになる。

そのため，このような状況となった家族関係において，両親の未成年者に対するイニシアチブ（元の親権）を，如何にして再度生じさせるかという問題が出てくる。本事例の未成年者Aの実両親としても，子どもが成人になるまで外部の専門家が財産管理や身上監護に関与してくることは，想定外の介入であると感じる場合が多い。

そのような結果となるのであれば，祖父母との養子縁組などしなければよいということになるが（本事例でAと祖父母の養子縁組を行ったのは両親自身の代諾によるので），よく見かけるケースでは，この実両親なり祖父母に，外部のコンサルタントのような人物（不動産コンサルティングを手掛ける税理士や司法書士，土地家屋調査士等の専門家を含む）が関与している場合が少なくない。節税手段等のアドバイスに対し，言われるままに養子縁組をしているケースにおいては，両親としては，「なぜ親子なのに親権者ではなくなってしまったのか？」と感じ，節税スキームの相談をしていたコンサルタントとトラブルになるようなことも稀にある。若干話が逸れるが，専門職としてアドバイスする際には，将来起こり得る事態を説明するべきである。

2　死後離縁手続・再度の養子縁組

では，本事例の両親が未成年者Aの法定代理権を行使できるようにするには，どのような手続が必要か。

本編Ⅱ-4でも触れたが，民法上には死後離縁の規定があり，実際に本事例のようなケースで未成年後見人から「死後離縁」の申立代理人を相談されることもある。しかしながら，そもそも養子縁組自体は，相続対策の趣旨で行われるだけでなく，「養子」としての実体を形成する意思の合致でもって成立する身分行為であり，男女間の婚姻が，夫婦関係の形成を合意するのと同じである。そうすると，遺産分割の処理が完了したからといって，養子縁組の効力自体を消滅させることは，たとえ離縁の効果が将来効であったとし

ても，養子縁組自体の効力（当時の意思内容）について疑問を生じさせかねないであろう。また，亡養親（祖父母）に，「遺産相続が終わったら元の親子関係に戻るように」という意思があったと認定することもできないし，そもそもこれがあったとしたら，やはり縁組自体の意思に疑問が生じる。特に，近時では相続のため（税金対策）であることが明らかな養子縁組（成人の場合）において，養子縁組の効力が最高裁判所まで争われているが（最三小判平成29年1月31日家判10号56頁），このような議論があるなら，なおさら，死後離縁申立てが縁組の効力（原因関係における意思）を自ら減殺することになりかねないであろう。

　したがって，本事例で未成年後見人Xが，未成年者Aと亡養親（祖父母）との死後離縁を申し立てることは背理であり，適切ではないと考える。また，Aの両親が，亡祖父母に代わって，再度Aとの間で養子縁組をし，これに未成年後見人Xが同意（代諾）することも考えられるが，そもそも実の親子関係で養子縁組が認められるかについては，民法は予定しておらず，養子縁組の同意によってXの未成年後見人という地位が消滅するという身分関係の自滅とも言える背理が生じる以上，このような処理はできないと考える。

　したがって，本事例のように，Aの両親が再びAの親権者となる法的スキームは，現状の制度では見当たらない。節税対策等の理由で，自分の子どもを祖父母等の養子に出そうとしている両親は，こうした事後の処理についても留意しなければならない。

3　辞任事由・再選任

　では，一度選任された未成年後見人において，辞任が認められることはないのか。

　条文上は，「正当な事由」があるときは，家庭裁判所の許可を得て辞任することができると規定されている（民法844条）。ここで言う正当事由とは，後見人の健康状態や身分変更，さらには管理する財産の変更等，（未成年）後見人業務に支障が出るか否かで判断され，比較的広く捉えられている。ただし，辞任した未成年後見人は遅滞なく新たな未成年後見人選任の請求が必要となる（民法845条）。法定代理人が不在の期間がないように配慮した規定

であるが，実務上は，辞任を申し出る未成年後見人は，次の候補者を特定した上で，新たな未成年後見人申立てを行う扱いになっている。

専門職後見人においても，辞任・再選任の手続は上記と同様であるが，親族後見人の場合よりも辞任は広く認められているようである。例えば，本件のようにAの相続処理を主な業務として未成年後見人として選任された弁護士Xが，遺産分割協議及び納税手続を全て終了した後には，あえて弁護士が未成年後見人として関与する事情には乏しい。このような場合には，元親権者である両親の片方が新たに未成年者Aの未成年後見人として選任されるケースもある。なお，Aが相続した遺産が多額であるなど，親族による財産管理が難しいような場合には，Xが複数未成年後見人として元親権者と共に未成年後見人となったり，又は未成年後見監督人になったりする場合もある。さらには，後見制度支援信託を利用して，専門職後見人が辞任する場合もある。家庭裁判所は，これら具体的なケースごとに，後見人の意見を聴きながら適切だと考える制度設計を選択している。

また，専門職未成年後見人の場合は，本事例のように，親族と対立するケースが実務的には少なくない。というのも，本事例のように親子間がお互いに相続人となり，子どもである未成年者に未成年後見人が選任された時点で，実親とは利益が対立する構図になる。未成年後見人は，未成年者の法定相続分（本事例では遺産の半分）を確保する必要があり，被相続人の子どもである実父としては，被相続人の孫である自身の子ども（被相続人の養子）と対等となることへの違和感が残る中，家族でもない未成年後見人が関与することに納得がいかない場合が多い。それならば節税目的の養子縁組をしなければよいのであるが，養子が未成年者である間に祖父母（養親）が死亡するとは想定していないようである。こうした場合に，突然弁護士等が「未成年後見人になりました」として家庭に介入するのであるから，当事者にとっては「招かれざる客」であることもある意味真実である。このような背景から，弁護士（専門職後見人）が親族（元親権者）と対立するケースでは，適切な時期に辞任し，上記複数後見人・後見監督人・後見制度支援信託等を利用しながら適切な当事者に落ち着くことになる。

なお近時では，弁護士や司法書士以外の第三者（社会福祉士・少年友の

Ⅳ 終 結

会・FPIC等）が積極的に未成年後見人を受任しており，家族の状況を踏まえて各当事者が役割分担をする姿勢が重要となってくる。

Ⅳ-2

辞

任

3 解 任

　高校生である未成年者Ａは，中学生の時に両親が事故で死亡したことから，以来亡父の兄である伯父のＹの家に身を寄せ，また，Ｙが未成年後見人に選任され財産管理と身上監護を行っていた。

　ところが，Ａが取得した両親の死亡保険金2000万円が未成年後見人であるＹの借入金の返済に充てられている疑いが出てきた。

　Ｙの財産管理権を外し，Ａの財産を確保するためにどうするべきか。

ポイント

未成年後見人の不祥事の対応について解説する。

- □　辞任・再選任手続
- □　不適切未成年後見人への対応
- □　解任請求・職権解任
- □　追加選任
- □　未成年後見人の損害賠償責任

1　はじめに

　未成年後見人が未成年者の財産を使い込むなど，その財産を適切に管理していないことが疑われる場合，それ以後の財産管理を当該後見人に任せておくべきではないから，当該後見人を財産管理から外す対応をとる必要がある。

　もちろん未成年後見人の選任・解任は家庭裁判所の職権であるが，管理財産の流出等が明らかになった場合には，家庭裁判所は未成年後見人を解任し，以後の後見業務に一切関与させないことが考えられる。

　一方で，本事例の未成年者Ａは，未成年後見人である伯父Ｙ宅で生活しており，Ｙが解任されることでＹ宅を出ていかなければならなくなる可能性があること，Ｙを解任した場合の今後の親族関係等への影響などを考慮すると，解任することが必ずしも適切というわけではないようにも思われる。

　したがって，家庭裁判所が具体的にどのような方策をとるべきかについて

170

IV 終 結

は，使い込みの疑いがどの程度強いものか，その金額や返済可能性，今後の未成年者との関係など様々な要素を考慮し，未成年者の利益に反することがないようにすべきことになる。

2 追加選任

　未成年後見人の不祥事，特に財産の使い込み等が発覚する場合においては，未成年後見人が，通帳等に残る痕跡や財産の使途の説明ができないことから，家庭裁判所への定期報告をしなくなり，これが端緒となるケースが多い。もちろん家庭裁判所は未成年後見人に説明を求めることになるが，応答がない場合は，未成年後見人とは別に調査員が選任され，未成年者が有する預金等を調査することになる。この場合，口座の銀行支店に対して，家事事件手続法で定める規定に従い，家庭裁判所裁判官が調査嘱託をかけ，取引履歴を取得して，預金の引き出しがなされている事実等を把握することがある。

　ただし，多数の事件が係属している家庭裁判所の調査員や裁判官による調査では機動的に調査をすることが現実的に困難であるから，預金の引き出しの理由や財産状況等を調査することを期待して，家庭裁判所が職権で弁護士等の専門職後見人を追加して選任したり，若しくは専門職の後見監督人を選任したりするという方法も実施されている。

　専門職未成年後見人や監督人としては，上記裁判所と同様の調査を行うこととなるが，新たに選任された後見人等による調査の結果，使い込み等による財産の流失が多額で引き出した未成年後見人が補償（弁済）できない場合には，後述のように，刑事上は告訴や被害届，民事上は損害賠償請求等の責任を追及することになる。一方で，未成年後見人が使い込みを認めて謝罪し，返済を約束したような場合には，家庭裁判所とも協議して，引き続き未成年後見人としての業務を行わせる場合もある。もっとも，その場合でも従前の未成年後見人には多額の財産管理権を与えず，監護養育権や日用品の支出等の財産管理に限って認められることが通常である。

　本事例においても，未成年者Aと未成年後見人である伯父Yとの関係において，Yの存在がAの養育にとって必要不可欠の存在であるなどの事情がある場合には，流失したAの財産が補填されているのであれば，Yと新たな後

IV-3

解

任

171

見人が財産管理の権限を分掌し，Ｙの権限をＡの監護養育権及び財産管理権
ついては，「日用品の購入等の日常の取引に関する権限のみ」に制限するこ
とが考えられる。もちろん，家庭裁判所は具体的事実関係を判断するが，こ
れまでの監護養育状況や今後の進学・通学等の諸事情から，Ａが今後もＹと
生活せざるを得ず，身上監護をＹに任せなければならないような場合には，
こうした未成年後見人の継続もやむを得ない措置であると思われる。

3　解　任

(1)　解任の請求

　未成年後見人に不公正な行為，著しい不行跡その他後見の任務に適しな
い事由があるときは，家庭裁判所は，後見監督人，未成年者本人，その親
族，検察官の請求により，これを解任することができる（民法846条，家事
事件手続法別表第一の73）。

　前述のように，未成年後見人が追加選任されている場合には，当該未成
年後見人が未成年者を代理して解任申立てをすることが期待されている。
後見監督人が選任された場合にも，当該後見監督人は自ら申立てをするこ
とができる。

(2)　職権による解任

　家庭裁判所は，未成年後見人に問題があることが明らかな場合には，未
成年者や後見監督人からの請求を待たずに，職権により解任することがで
きる（民法846条）。

(3)　解任事件の審判

　未成年後見人の解任事件は，審判事件であるから，家事事件手続法の総
則の規定が適用され，当該未成年後見人に対する送達が必要であると解さ
れている（家事事件手続法36条）。また，解任によりその地位を失うことと
なる未成年後見人に，解任事由の存否等を主張するための手続保障を与え
る意味で，解任する未成年後見人の陳述を聴かなければならない（家事事
件手続法178条1項2号）。

　解任の審判がされた場合には，当該未成年後見人は，即時抗告をするこ
とができる（家事事件手続法179条2号）。他方，解任の申立てが却下された

Ⅳ　終　結

場合は，解任の申立てをした者のほか，未成年後見監督人，未成年者及び
その親族は即時抗告をすることができる（家事事件手続法179条3号）。

(4)　保全処分

　家庭裁判所は，未成年後見人の解任の申立てがあった場合，当該申立て
により，解任の審判が効力を生ずるまでの間，当該後見人の職務の執行を
停止し，又は，その職務代行者を選任することができる（家事事件手続法
181条）。

　未成年後見人の解任申立てに当たっては，前述の通り，送達が必要で
あったり，即時抗告が可能であったりすることから，急を要する場合は，
当該職務を代行する者は保全処分の申立ても検討すべきである。

4　未成年後見人の責任

(1)　民事上の責任

　未成年後見人が未成年者の財産を使い込んだ場合には，他人の財産を自
己のために費消したのと同様であり，不法行為に基づく損害賠償義務や不
当利得による返還義務といった民事上の責任が生ずる（民法709条，703条）。

(2)　刑事上の責任

　財産の使い込みは，当然横領行為と言うべきものであり，本事例の未成
年後見人である伯父Yには，業務上横領罪（刑法253条）の罪責が生じる。
　一定の親族間で横領がされた場合，親族相盗例が準用されるため（刑法
255条，244条），同居の伯父が甥の財産を横領した本事例の場合，Yの刑が
免除される余地があると考えられなくもないが，たとえ親族関係があった
としても，家庭裁判所から選任された未成年後見人が未成年者の財産を横
領した場合には，後見業務の公的性格ゆえに，親族相盗例は準用されず，
刑が免除される余地はないと解されている（最一小決平成20年2月18日刑集
62巻2号37頁）。したがって，Yは刑事責任を免れるものではない。
　もっとも，実際にYを刑事訴追する場合においては，家庭裁判所が告発
するケースのほか，追加選任された未成年後見人が告訴することが考えら
れるが，その場合でも，前述のように未成年者Aの意向や今後のAとYと
の関係など，慎重に考慮すべき点が多い。

173

4 婚姻による成年擬制

　未成年者Ａ（女性）は，小学生の時に両親が死亡したことから児童養
護施設で暮らしていた。Ａには，両親の死亡保険金2000万円があった
ことから，Ａが18歳で児童養護施設を退所するに当たり，司法書士Ｘ
が未成年後見人に選任された。
　選任から半年後，Ａは恋人の子どもを妊娠したことから，結婚するこ
とになった。
　ＸはＡの婚姻について何ができるか。Ａが婚姻した場合に，Ｘの地位
はどうなるか。

=== ポイント ===

　児童福祉施設出身者に対する未成年後見人選任及び婚姻による未成年後見
の終了について解説する。
　　□　児童福祉施設退所時の未成年後見人選任
　　□　婚姻に関する同意
　　□　婚姻による成年擬制
　　□　婚姻による成年擬制後の金銭管理

1　児童福祉施設退所時の未成年後見人選任

(1)　児童年齢（18歳未満）超過

　児童福祉施設とは，児童養護施設をはじめ，児童厚生施設，障害児入所
施設，児童発達支援センター，児童心理治療施設，児童自立支援施設及び
児童家庭支援センターを含む，「児童」の福祉に関し必要な支援等を行う
施設の総称である（児童福祉法7条，35条）。そのうち，児童養護施設とは，
保護者がいない，又は虐待されているなど，環境上養護を要する児童を入
所させ養護する施設である（児童福祉法41条）。
　「入所中の児童等で親権を行う者又は未成年後見人のないもの」につい

ては，児童福祉施設の長が親権を行使することとなる（児童福祉法47条１項）。しかし，施設の長が親権を行使することができるのはあくまで入所中の児童である。児童養護施設は，退所した者についての相談その他の自立のための援助を行うことも目的とされてはいるが（児童福祉法41条），退所した以上は親権を行使する権限はない。よって，親権者のいない未成年者が児童養護施設を退所してしまえば，親権を行使する者がいなくなる。

　一方で，児童養護施設を退所し，児童福祉法の対象外として親権を行使する者が不在となったとしても，民法上「未成年」である限りは制限行為能力者であるから，単独で法律行為をすることができない（民法６条）。そのため，児童養護施設を退所した親権者のいない未成年者は，成人するまでの２年間，契約その他の法律行為等はできないこととなる。児童養護施設退所に伴い，未成年者は様々な契約締結，法律行為が必要になる。18歳で自ら生活を営んでいくこととなれば，まずは居住先を確保するため，賃貸借契約の締結が必要となる。さらに，携帯電話等の生活必需品の契約，就職先との雇用契約など，日常生活には数多くの法律行為が必要となる。それが一切できないのでは，親権者のいない未成年者は社会生活を営むことができなくなってしまう。

　もちろん，児童養護施設退所後直ちに自活・自立することが困難な未成年者も多くいるから，その場合には，自活が可能となる，あるいは成年に達するまでの間自立援助ホームに入所し，自立した生活を目指すこととなる（児童福祉法33条の６）。しかし，自立援助ホームは，児童福祉法上の児童福祉施設ではないため，当該ホームの長が，児童養護施設の長のように親権を行使する権限はない。

　場合によっては，入所していた児童養護施設長や親族等が未成年者に代わり各種契約の主体あるいは保証人になったり，事実上の財産管理を行ったりすることもある。例えば，親権者の死亡により入所した未成年者であれば，施設入所中に受給した遺族年金や保険金，その他自治体からの福祉給付等を積み立てることにより，高額な預金が存在することがある。そのような高額な資産がある場合，施設退所と同時に突然大金をそのまま渡して，未成年者が自由に管理・費消できることは，消費者被害を含めた財産

的な損害を被ったり，財産目当ての人間関係により精神的に傷付いたりするなど，かえって未成年者の福祉を害する場合も考えられる。そのため，未成年者の退所後も，引き続き施設が預金通帳や印鑑を成年になるまで保管し，未成年者にまとまった資金が必要となった場合だけ施設職員に申し出て払い戻し，施設職員の指導の下で預金管理をしていくなど，事実上の管理を続ける方法もある。また，施設の長個人が，携帯電話や居住先の手配を行っている場合もある。しかし，このような方法は，契約上のトラブルや，財産管理において多額の財産がある場合には不適切な事態が生じる可能性もある。また，施設の長や職員個人の善意のみに頼ることであり，一般的にこのような方法がとられているわけではない。

こうした事態を招くことがないよう，児童養護施設入所中の未成年者が施設を退所するのに伴い，未成年後見人を選任する必要が生じることになる。これはまさに児童福祉法が想定する「福祉のため必要な場合」に該当する場合であり，当該児童を管轄する児童相談所長は未成年後見人選任の申立てを行い（児童福祉法33条の8），申立てをした未成年者が既に施設等を退所しており親権を行使する者（児童福祉法47条）がいない場合には，未成年後見人選任の審判があるまでの間は児童相談所長が親権を行使することとなる（児童福祉法33条の8第2項）。

本事例においても，未成年者Aは18歳を迎え児童養護施設を退所しなくてはならないが，2000万円という多額の財産があるため，成人するまでこれを管理する者を要し，そして退所後の生活に必要な自宅，携帯電話，その他日常生活上の契約等を適宜締結し，社会生活を営めるような状態にする必要がある。よって，退所するに当たり未成年後見人Xが選任されたことは適切な措置である。

(2) 保証契約

各種契約の際，契約の相手方としては，未成年後見人は親権を行使する者ということで，まさに父母と同じ親そのものであるとか，近しい親族と同じように考え，未成年後見人に対して保証人となることを求める場合がある。

しかし，保証人は未成年者と利害が対立する可能性もある上，未成年者

が成人し未成年後見が終了したからといって保証人の地位が当然に終了するわけではなく，場合によっては多大な責任・負担が生じる可能性もあるので，保証人を求められたからといって安易に引き受けるべきではない。未成年者との関係において，利益相反の危険性がなく，保証人になることによる最終的な責任を覚悟できるのであれば，未成年後見人が保証人になることもあり得なくはないが，専門職が未成年後見人に選任されている場合には，極めて限定的な場合であろう。

2　婚姻に関する同意

　未成年者が婚姻する場合には父母の同意を得なければならない（民法737条1項）。

　後見人が選任されている場合の婚姻に対する同意については，成年後見人の場合は，民法上同意が不要と明文規定されているが（民法738条），未成年後見人については明文の規定がない。

　しかし，未成年後見人は法定代理人親権者ではあるが親ではない。そして，未成年後見人は未成年者の意思を尊重することとされており（民法858条），婚姻は憲法上もその自由が保障された身分行為であるから，未成年者の婚姻について未成年後見人の同意は不要である。したがって，本事例においても，未成年後見人Xは同意等をする必要はなく，未成年者A自身の意思によってのみ婚姻をすることができる。

　しかしながら，後述の通り，法的な同意とは別に，婚姻と同時に未成年後見は終了し，財産管理も全て未成年者本人において行うことになることから，婚姻意思や婚姻相手について十分に確認し，未成年者と話しておくべきである。特に，多額の資産を有している未成年者の場合には，よくよく注意が必要となる。

　未成年者の婚姻に際して，民法上親権者の同意が要件とされているのは，未成年者は判断力が未熟であり，婚姻に対して憧れのような感情も強く，深く考えないままに婚姻を希望するなど，衝動的な行動に出る可能性を想定しているためである。これは親権者がいない未成年者でも同様であり，むしろ児童養護施設を退所したばかりで社会経験も少ないなどといった事情を踏ま

え，未成年後見人としては，同意権はないものの，安易な婚姻ではないか，未成年者自らが将来を考え真剣に，真意に基づき意思決定をしているかなどを十分に確認し話をすることが望ましい。婚姻に至るまでの間未成年者をサポートし，場合によっては婚姻の相手が財産目的などの邪な感情を持っていることはないか，様子を見守ることも必要であろう。

3　婚姻による成年擬制

(1)　未成年後見の終了

　未成年者が婚姻したときはこれによって成年に達したものとみなされる（婚姻による成年擬制：民法753条）。

　婚姻による成年擬制は，婚姻生活を営むに当たり，家を借りたり，子に関する法律行為や契約をしたりする必要があるが，未成年であるために全て親権者の同意が必要とされるのでは円滑な社会生活が営めないことから設けられた規定である。

　そして，婚姻による成年擬制は未成年後見の終了事由である，未成年者が成年に達したときに含まれるため，未成年者の婚姻は未成年後見の終了事由とされる。本事例においても，未成年後見人Xは未成年者Aの婚姻と同時に未成年後見が終了し，未成年後見人としての地位を失うことになる。

(2)　終了時の手続

　婚姻による成年擬制により未成年後見が終了すると，その時点から財産の管理は未成年者本人が行うことになる。財産の引継ぎ等も含め，婚姻による成年擬制による終了の場合に未成年後見人がとらなければならない手続は，以下の通りとなる。

① 　家庭裁判所への報告（東京家庭裁判所の例）

　　婚姻後，未成年者の新たな戸籍が作成され次第，「連絡票」に，婚姻後の未成年者の戸籍を添えて，家庭裁判所へ未成年者の婚姻を報告する。

　　前回の報告から終了時までの期間につき，後見事務報告書・財産目録を作成し，報酬付与申立てを行う。

② 　戸籍の届出

　　婚姻から10日以内に，未成年者の本籍地又は未成年後見人の住所地の

Ⅳ　終　結

市区町村役場に後見終了届を提出する（戸籍法84条。自治体により届出
の様式が異なるため，事前に確認し，自治体の指示に従い手続をする）。

③　財産の引継ぎ

婚姻から２か月以内に未成年者の財産を未成年者に引き継ぎ，「引継
書」を家庭裁判所に提出する。

金融機関その他未成年後見を届け出ていた関係機関等に対しては，速
やかに未成年後見終了の旨を届け，必要な手続を行う。銀行口座を未成
年後見人名義で作成していた場合には解約，又は未成年者本人名義に変
更する必要がある。

なお，本事例の未成年者Aのように，妊娠中に婚姻し未成年後見が終
了する場合，出産に際し自治体等から支給される給付金や，妊婦健診・
出産で支出した費用，それまでの医療費の還付（確定申告），各種制度
など，未成年者本人では情報収集が不十分の場合もあるので，未成年者
やその子の利益になる情報は教示し，困ったときに問い合わせる場所や
連絡先，必要な資料はそれぞれまとめてメモを残しておくなどして引き
継ぐことが好ましい。未成年者は，婚姻届提出により後見終了となれば
直ちに未成年後見人の親権行使から「自由」になり，終了と同時に財産
も全て自分に引き渡されると考えている場合も多い。トラブルとならな
いよう，引継ぎまでに必要な手続や，それまでに要する期間等は誤解の
ないようあらかじめ説明しておくとともに，終了後は速やかに引継ぎが
できるよう用意をしておく必要がある。

④　その他

未成年後見人の選任が児童福祉法33条の８に基づく児童相談所長の申
立てによるもので，未成年後見人支援事業を利用していた場合には，児
童相談所宛に「未成年後見人支援事業状況変更・喪失届出書」を提出す
る。その際，未成年者の署名押印も必要となるので，後見終了後も，す
ぐに未成年者と連絡が取れなくなることがないようにする。

4　婚姻による成年擬制後の離婚

一度婚姻による成年擬制となれば，その後離婚しても引き続き成年とみな

される。遡及して効力が消滅することはないため，仮に未成年者が離婚をしても，再び未成年後見が開始し，未成年後見人が選任される，又は再任（復権）することはない。

5　民法成年年齢改正

　第1編第10章でも言及したが，平成30年6月13日に，「民法の成年年齢を20歳から18歳に引き下げること等を内容とする民法の一部を改正する法律」が成立し，平成34年（2022）4月1日から施行される。また，現行法では，女性の婚姻開始年齢は16歳と定められているが，本改正で，18歳に引き上げられ，男女の婚姻開始年齢を統一することになった。

　したがって，未成年者につき，婚姻による成年擬制によって未成年後見が終了するケースとしては，改正法施行前において，16歳以上20歳未満の女性が婚姻する場合（本事例のケース）と，18歳以上20歳未満の男性が婚姻する場合である。改正法施行後（平成34（2022）年4月1日以降）においては，婚姻できる年齢と成年年齢が等しくなり，いずれも18歳（成年）に達したことにより，未成年後見は終了する。しかし，親権者のいない18歳・19歳の若年層にとって，自立までの支援が必要なことは，前述の通りである。

6　公的諸手続

　本編Ⅲ-4でも述べたが，未成年者が療育手帳の交付を受けているなど障害児の場合には，18歳を超えると改めて手帳交付の要否の判定をする必要がある。18歳未満は児童相談所で判定を受けるが，手続について理解していない未成年者が大半である。自治体によって手続は異なるが，成人を迎える前後の所定の期間内に所定の機関（東京都23区の場合は「東京都心身障害者福祉センター」）に申込みをし，判定を受けなければ療育手帳は失効してしまう。また，障害者である判定がされた場合には，成人を迎えるに当たり，障害年金や，各種障害者手当の給付を受けられる可能性がある。それらを自ら，あるいは配偶者の協力を得て手続を行えるよう，あらかじめ市区町村の福祉課，保健センターなどに相談し，手続の手順を確認したり，担当者を確認して未成年者に対するサポートを依頼したり，未成年者に対しても，行くべき

IV　終　結

窓口，連絡を取るべき人等も含め，十分説明をするなどしておくべきである。

　さらに，本事例の未成年者Aのように，妊娠している場合には，金銭面だけでなく心身の状態や出産までの検診・手続等，様々な問題が生じることが予想される。出産予定の病院とは初期の段階で未成年者に関する情報を伝えるなどしておくことが望ましい。

　また，出産や入院費用についての助成金や高額療養費の受給，定期健診，緊急時の対応，精神面でのサポート窓口など，自治体等から得られるべき費用の助成や，各種支援制度の手続に気づかないままとなる可能性もある。未成年後見人としては，まもなく婚姻により後見が終了するので，その後のことは関係ないと考えるのではなく，後見終了前に各種公的な福祉制度を確認し，できる限りの手続を行い，用意を整えておくべきである。また，自治体により名称は異なるが，健康福祉課・母子健康課・子育て支援課・保健福祉センター等で相談をすると，未成年者や未婚の妊婦・母親に対する見守りの制度，保健婦による相談・指導や訪問活動等のサービスにそのまま担当を引き継いでくれるケースもあるので，事情を説明し，積極的に相談をしておくとよい。

　本事例においても，未成年後見人Xは，未成年者Aの婚姻の届出に対し未成年後見人として何らかの手続をとる必要はないが，婚姻し後見終了となるまでの間に，出産予定の病院や，自治体の福祉課・子育て支援課等と情報交換をするなどして，未成年者に不利益が生じないよう環境を整えるとともに，未成年後見終了後も未成年者が周囲のサポートを得られるようにしておくことが望ましい。

その他

1 未成年者との対立

> 未成年者Ａ（18歳）は，17歳の時に両親が死亡し，高校卒業後は住み込みで働いていた。今回，実母の死亡保険金受取のために祖母が未成年後見人選任を申し立てたが，Ａは後見人の選任手続中に「後見人なんかいらない！」と強く反発し，家庭裁判所からの連絡にも一切応じなかった。その後，家庭裁判所は専門職後見人として司法書士Ｘを選任したが，ＡはＸの連絡に対しても全く応じる気配がない。
> Ｘはどのように対処するべきか。

ポイント

未成年者とのコミュニケーションが困難な事例における対応方法について考察する。

- ☐ 就業未成年者への財産管理・身上監護の範囲
- ☐ 拒絶への対応
- ☐ 財産目録・収入予定（報告書）
- ☐ 未成年者への監督義務

1 就業未成年者への財産管理・身上監護の範囲

未成年者は20歳未満の者であり親権を行使する者がいない場合には，年齢が高くとも未成年後見人が選任され得るが，未成年者自身が就業し自立できているような場合には，第三者が介入することが困難なケースもある。その場合，未成年後見人はどのようにして，財産管理と身上監護を行うべきであろうか。

V　その他

(1) 財産管理

　未成年者が就労し給与を得て自活している場合，給与自体を未成年後見人が管理してしまうと，未成年者の日常生活に支障が生じてしまう。労働基準法においても，未成年者は独立して賃金を請求することができ，親権者又は後見人は，未成年者の賃金を代わって受け取ってはならないと定められている（労働基準法59条）。そこで，未成年者が就業している場合，原則として未成年後見人としては，給与は未成年者が受領することを認め，給与振込先や水道光熱費等の引落先に指定されている口座はそのまま未成年者自身に管理させていくこととなる。家庭裁判所への収支報告の際も，給与の年額と，その給与が全額未成年者の生活費に充てられていることが明らかにされていれば，その範囲からの支出については詳細な報告は不要とされている。

　ただし，このように未成年後見人が直接の財産管理をせず，詳細な報告が不要とされるのは，未成年後見人が，雇用契約を把握した上で，給与年額と生活費の収支に照らし，そのような管理方法で問題ないと確認しているということが前提となる。

　例えば，未成年者が，親族が経営する会社の役員や芸能人，プロスポーツ選手であるなど，所得となる給与や報酬が高額で，全額を未成年者が管理するのは不適切と思われる場合などは，未成年者と協議し一部を未成年後見人が引渡しを受け管理した上で，毎月の収支を確認し，あらかじめ定めた金額を超える支出がある場合にはその使途を説明させるなどの対応が必要となることもある。また，雇用契約の内容や，給与年額・生活費の内容等が把握できない場合には，そのまま漫然と放置して未成年者に管理をさせ続けるのではなく，家庭裁判所にその旨を報告し，管理について相談しなければならない。

　一方で，未成年者が自立して生活をしている場合でも，相続財産や保険金等による多額の貯蓄等は，日常生活とは別に未成年後見人が管理すべきである。そこで，未成年者自身が給与や生活費を管理する口座と，その他の財産を管理する口座は明確に分けるようにし，必要に応じて新たな口座を開設したり，逆に，小口の口座が複数存在したりするような場合には不

要な口座は解約するなど，使途に応じて整理していく必要がある。未成年
後見人選任後初回の財産調査をする際には，どの預金口座が何に利用され
ているかを十分確認し，未成年者の生活状況とあわせ適切な管理方法を検
討する必要がある。

　本事例において，未成年者Aは高校卒業後から住み込みで働いていると
のことであるから，未成年後見人Xは，Aと連絡が取れないのであればA
の就業先勤務先に問い合わせ，Aの生活状況を確認するとともに，雇用契
約の内容，給与額その他の詳細を，給与振込口座の取引履歴を確認するな
どして，Aの収支を，それぞれ把握することとなる。もちろん，そのため
に未成年者と就業先（経営者や上司）の関係が悪くならないよう配慮する
べきである。

　その結果，特に問題がなければ，給与の受領，そしてその範囲内での日
常生活に関する財産管理はそのままA自身に任せることが妥当である。X
はAが管理する口座の取引履歴を定期的に確認するなどして，Aの収支を
把握していくこととなる。給与や収支について把握が困難な場合には，そ
の旨を家庭裁判所に報告する。

　また，Aは17歳のときに両親が死亡していることから，相続財産や保険
金等，給与とは別に多額の財産が存在している可能性がある。そのような
財産については，未成年後見人において新たにA，又は「A未成年後見人
X」名義の口座を開設したり，Aが既に開設している給与口座とは別の預
金口座等を利用したりするなどして，Xが適切に管理をしていくことが必
要である。

(2)　身上監護

　未成年後見人は，未成年者の身上監護について，親権者と同じ権利義務
を要する（民法857条）。就業している未成年者の身上監護については，居
所指定（民法821条），職業の許可（民法823条）に関しての対応が問題とな
る。

　未成年者の就業について，未成年後見人は職業許可権を有するものの，
雇用契約は，親権者や未成年後見人が代理して締結することはできないた
め（労働基準法58条1項），未成年者自身が締結することができる。そのた

め，未成年後見人としては，就業先や，雇用契約の内容が適切かを確認し，問題がなければ未成年者の意思を尊重し就業を許可することになろう。未成年後見人選任の時点で既に就業している場合や，未成年後見人への連絡がないまま就業してしまった場合などは，選任後速やかに未成年者自身や，場合によっては就業先に雇用契約の内容を確認する必要もある（もちろん未成年者には職場に連絡を入れる旨の断りを入れるべきである）。調査によって雇用契約が未成年者に不利なものと判明した場合には，未成年後見人はこの契約を解除することもできる（民法58条2項）。未成年者の就業先はいわゆるブラック企業である場合などは，未成年者と十分に協議し，退職・転職を勧めることは適切であろう。一方で，就業先が反社会的な職場であったり，未成年者の身体や精神上の不利益が顕著であったりする場合には，未成年者自身が退職を決断できない場合でも，未成年後見人として労働契約を解除することも考えられる。

　また，未成年者が就業し自活を始めるに際し，居住先を定めることとなるから，居所指定権との関係での対応も必要となる。独立して独り暮らしをするような場合には，未成年者の意思を尊重しつつも，未成年後見人において物件の立地や賃料・契約内容・生活状況や収支を十分検討する必要がある。その上で，適切と判断する場合には，未成年後見人において賃貸借契約を締結し，引っ越しその他必要な手続をとり，未成年者に独り暮らしさせることとなる。

　なお，賃貸借契約の際，貸主や仲介業者から未成年後見人が保証人になるよう求められる可能性もあるが，親族の未成年後見人であれば関係性から受け入れることもあり得るが，専門職の未成年後見人の場合には，保証会社等の利用，親族その他関係者で保証人を引き受けてくれる人を探すなどし，安易に専門職後見人自身が未成年者の保証人となるべきではない。

　未成年者が独り暮らしをし，自活を始める場合には，水道光熱費の開設・支払手続や，防犯防災，家計の管理等，知識がなく，経験が未熟であるために必要な手続や対応ができていないことが多い。未成年後見人は，単に賃貸借契約を締結し家計の収支を確認するだけでなく，未成年者の生活が成り立っているか，諸手続や自己管理・安全管理ができているかなど

を注意深く見守り，必要な支援・助言をしていくことも必要となる。

　未成年者が自ら家を探すのではなく，就業先の寮に入る場合であれば，生活費や監護教育の点について大きな問題は生じないと思われるが，給与を得た上で，成人の同僚・上司らと生活を共にしていくこととなることから，飲酒や喫煙などへのハードルが低くなる可能性も考えられることから生活環境には注意が必要であろう。

(3) 家庭裁判所への報告

　未成年者が就業や引っ越し等をした場合には，後見人は速やかにその旨を家庭裁判所に報告しなければならない。

　就業の場合には，雇用契約書等就業の事実，内容がわかる資料を添付の上，就業と，就業による収支の変更点を報告する。

　転居の場合には，異動後の住民票を添付し，住所が変更した旨を報告する。独り暮らしの場合は，賃料という支出が新たに生じ，今後の収支に大きな変更が生じることが見込まれるため，その旨も併せて報告をするべきである。

2　拒絶への対応

　未成年後見人は，未成年後見人の働きかけに対して未成年者が拒絶し，連絡に全く応じない場合には，まずは速やかにその状況を家庭裁判所に報告・相談する。

　未成年後見人は，未成年者に拒絶され，全く連絡が取れなくなったとしても，原則として，適切な財産管理・身上監護を行う義務があり，未成年者が不法行為等で他者に損害を与えた場合には，未成年後見人もその賠償責任を負う場合もあり得る。

　そのため，未成年後見人は未成年者に拒絶され直接連絡が取れないとしても，財産管理であれば金融機関から取引履歴を入手したり，各種費用の支払状況を調査したりするなどし，身上監護についても，就業先や就学先への調査，親族その他関係者に連絡を取るなどして，未成年者の収支・生活状況等をできる限り把握するよう努めることが必要となる。その中で，未成年者との信頼関係が構築できるよう様々な働きかけをしていくこととなろう。

V　その他

本事例においても，未成年後見人Xはまずは現状を家庭裁判所に報告し，可能な範囲での財産管理・身上監護に努めながらAが応じるまで連絡を続けることが必要と考えられる。たとえAがXからの連絡に応じないとしても，就業先や居所は明らかとなっているのだから，Xは定期的にAに連絡を入れるようにし，連絡が取れないといってそのまま放置しないようにすべきである。

なお，本事例のように単独の未成年後見人（特に専門職）と未成年者とのマッチングが円滑にいかない場合には，更に追加の未成年後見人を選任するという方法も考えられる。近年では，法人の選任も可能となっており，公益社団法人家庭問題情報センター（FPIC）や少年友の会といった団体と共同で未成年後見業務を行う事例もある。複数後見が相当と考えられる場合には，家庭裁判所にその旨を説明し，上申書で追加選任を求めることも検討するべきである。

3　財産目録・収支予定（報告書）

就業している未成年者で，給与を受領している場合には，その範囲内においては，未成年後見人が直接的に財産管理をすることはない。そのため，収支予定では，給与の年額と，未成年者のおおよその生活費が確認されていればよく，定期報告においても，実際に得た給与の年額と，その給与が全額未成年者の生活費に充てられていることが明らかにされていれば，その範囲内の支出については詳細な報告までは不要とされている。未成年後見人は，初回報告・財産目録作成時に，未成年者の毎月の生活についての収支計画，年間収支予定を未成年者と協議して定めておき，定期報告も未成年者と確認しながら作成していくこととなる。

また，未成年後見人選任後に未成年者が就業したという場合には，定期報告を待たず，その時点で雇用契約書等就業の事実・内容がわかる資料を添付の上，就業の事実と，就業による収支の変更点を記載した報告書を家庭裁判所に提出する。

未成年者との連絡が取れない場合には，申立時の記録から各財産の調査を進めていくこととなる。就業先が明らかになっていれば，就業先に問合せを

して雇用契約書を入手したり，給与額を確認することが可能であろう。また，申立時の記録に記載されている預金口座の取引履歴を確認することで，未成年者の毎月の収支がある程度把握できる可能性もある。こうしてできる限りの調査をし，把握できた範囲での財産目録・年間収支予定を作成し，未成年者と連絡が取れない旨を添えて家庭裁判所に報告をすることとなる。

本事例においても，未成年後見人Xは未成年者Aと連絡が取れないが，祖母や就業先など把握している関係先に連絡を取り，預金口座の取引履歴を確認するなどしながらAの財産や収支をできる限り調査し，報告することとなると考えられる。

4　未成年者への監督義務

未成年者が他人に損害を与えた場合，当該未成年者が責任能力を有しない場合には，その未成年者を監督する「法定の義務を負う者」が，未成年者が第三者に加えた損害を賠償する責任を負う（民法714条1項）。未成年後見人は，未成年者の身上監護に関して親権者と同一の権利義務を負う（民法857条）。よって，責任能力のない未成年者については，未成年後見人は親権者と同様に監督責任を負うこととなる。そのため，未成年者が不法行為によって第三者に損害を与えた場合には，未成年後見人は損害について賠償責任を負うこととなる。法的解釈は本編Ⅴ-2を参照されたい。

このように，未成年後見人は親権者と同様に監督責任を負うことから，後見業務においては財産管理のみならず身上監護についても十分に監督義務を尽くさなければならない。未成年後見人（特に専門職後見人）は親権者と異なり，未成年者と同居していないことが多く，日常生活を全て把握し，常に目を配り監護教育を行うというのは現実的ではない。責任能力を有さないと判断されるような年齢の未成年者の場合には，未成年者にとって適切な養育環境を整え，未成年者の入所する児童養護施設，同居の親族等の事実上の監護者，通学先の学校等と十分に連絡を取り，適切な監護教育がなされているかを常に確認していく必要がある。

他方，責任能力を有すると判断されるような年齢の未成年者の場合には，民法714条によって未成年後見人が損害賠償責任を負うわけではない。しか

し，その場合でも監督責任者である未成年後見人の監督義務を怠ったことが認められ，その懈怠と未成年者の不法行為とに因果関係が認められる場合には，未成年後見人自身の不法行為として賠償責任を負うこととなる（民法709条）。未成年者が年長で，独立して生活している場合などは，日常生活の把握さえ困難なこともあるが，未成年後見人としてはただ放置することはせず，未成年者と連絡を取るように努め，関係者等への調査や連絡などをしてできる限りの方法をとって監督責任を尽くすと共に，家庭裁判所にその旨の報告をするなどしておく必要があろう。

　本事例の場合も，未成年後見人Ｘは未成年者Ａの身上監護について親権者と同一の監護義務を負うこととなる。しかし，Ａは18歳と年長で，就職し自活もしていることから，万が一Ａが何かしらの不法行為によって第三者に損害を生じさせたとしても，直ちに民法714条の監督責任を負うことにはならない可能性が高い。しかし，Ｘが，Ａが反発しているとか，連絡が取れないからといって選任後全くＡに連絡を取ろうとしないまま放置しているような状態だった場合には，民法709条によりＸ自身の不法行為責任を問われる可能性がある。前述のようなできる限りの策を講じておく必要がある。

　なお，未成年後見人がこのような高度な監護義務を負い，監督責任により損害賠償請求を受ける可能性があるということから，児童福祉法33条の8に基づき児童相談所長が未成年後見人選任申立てをした場合で，①未成年者の預貯金有価証券等及び不動産の評価額が1000万円未満，かつ，②未成年後見人が未成年者の親族以外の場合には，都道府県の申請により，未成年後見人支援事業の一環として，未成年後見人補償制度を利用することができる。同制度は，公益社団法人日本社会福祉士会が運営する「未成年後見業務賠償責任保険」及び「普通傷害保険」に加入し，その費用の全額について都道府県より補助を受けることができるというもので，このような保護をすることで，未成年後見人を確保しようとする取組も実施されている。

2　第三者に対する責任

　　未成年者Ａ（10歳）は非嫡出子であるが，実母はＡが６歳の時に死亡したことから，実母の父Ｂ（70歳）が引き取り育ててきた。ところがＢの認知症が進行したことから，Ａには未成年後見人として弁護士Ｘが選任された。

　　Ａは小学校から帰って近くの公園に自転車で遊びに行く途中，坂道を猛スピードで走行し一時停止線を無視して信号機のない交差点に侵入したことから，歩行者Ｙ（65歳女性）と接触し跳ね飛ばした。その結果，Ｙは頭部挫傷及び右足大腿骨粉砕骨折の傷害を負い，脳の高次機能障害と自立歩行が困難となる後遺障害が残った。

━━ ポイント ━━

未成年者の法的責任について，条文と判例を基に解説する。
- □　未成年後見人の監督責任（親権者・未成年後見人）
- □　監督者の範囲
- □　未成年者の自転車事故
- □　弁護士賠償責任保険

1　未成年者への監督責任

⑴　責任能力

　　未成年者が故意又は過失により第三者に対して損害を与えた場合，未成年者自身が第三者に対して不法行為に基づく損害賠償責任（民法709条）を負うことがある。ただし，未成年者に責任弁識能力（責任能力）がない場合には，未成年者自身は損害賠償責任を負わない（民法712条）。この責任弁識能力とは，自己の行為から一定の結果が生じることを認識する能力，あるいは，道徳上不正の行為であることを認識する能力ではなく，その結果が違法なものとして法律上非難されるものであることを弁識する精神能

力であるとされている。そして，責任弁識能力の有無については，具体的な事案内容によるが，一般的には，12歳前後の年齢以上であれば，責任弁識能力があると判断される傾向にある。

未成年者に責任弁識能力がないことを理由に未成年者自身が損害賠償責任を負わない場合，原則として，未成年者を監督する法定の義務を負う者（監督義務者）が第三者に生じた損害を賠償する責任（民法714条１項）を負うことになる。

(2) 監督責任

民法714条１項に基づき，未成年者の監督義務者の責任が認められるためには，①加害者である未成年者が責任無能力者であること，②責任無能力者の不法行為であること，③監督義務を怠らなかったことの証明がないこと，④監督義務者による因果関係の不存在の証明がないこと（同項ただし書後段）が必要だとされている。上記要件のうち，③と④の主張立証責任は，免責を求める監督義務者にあり，判例上，これらの要件により免責が認められることは極めて稀である。ただし，最高裁判所は，未成年者（当時11歳11か月）が小学校の校庭に設置されたサッカーゴールに向かって蹴ったボールが校庭から門扉の上を越えて道路上に出て，道路上において自動二輪車を運転して進行していた被害者（当時85歳）がこのボールを避けようとして転倒した事案において，親権者が監督義務者としての義務を怠らなかったとして，初めて親権者の免責を認めた（最一小判平成27年４月９日家判２号75頁，民集69巻３号455頁。いわゆる「サッカーボール事件判決」）。

(3) 監督義務者

民法714条１項に定める未成年者を監督する「法定の義務を負う者」（監督義務者）の範囲については，典型的なものとして親権者（民法820条）があるが，その他に親権代行者（民法833条，867条），未成年後見人（民法857条），親権者以外の監護者が選任されている場合（民法766条）の監護者，未成年者が施設に入っている場合の施設の長（児童福祉法47条）も含まれる。なお，成年後見人が成年被後見人を監督する「法定の義務を負う者」に該当するか否かについては，「該当しない」（ただし，法定の監督義務者に準

ずべき者として民法714条1項が類推適用される可能性はある）との判断が最高裁判所でなされたが（最三小判平成28年3月1日家判6号23頁，民集70巻3号681頁），未成年後見人については，民法857条及び820条に基づき，民法714条に定める未成年者を監督する「法定の義務を負う者」に該当することに争いがない。

2 未成年者の自転車事故

(1) 自転車事故

自転車事故は，重大な損害を招来する危険性を有しながら，自動車事故と異なり，自動車損害賠償法が適用されず，自転車がいわゆる強制保険の加入対象になっていないため，加害者やその親族が個人賠償責任保険等に加入していない限り，加害運転者の賠償資力が一般的に不足するという問題が生じる。特に，加害運転者が未成年者の場合，未成年者自身には資力がなく，被害者としては，その監督義務者等の責任を追及せざるを得ないことが多い。

(2) 事故責任

未成年者が自転車事故を起こした場合，当該未成年者に責任弁識能力がなければ，未成年者自身は損害賠償責任を負わず（民法712条），その未成年者の法定監督義務者が民法714条1項に基づいて原則として損害賠償責任を負うことになる。他方，当該未成年者に責任弁識能力がある場合，未成年者自身が民法709条により損害賠償責任を負うことになり，未成年者の法定監督義務者について民法714条1項による損害賠償責任が問題となる余地はない。もっとも，判例は「未成年者が責任能力を有する場合であつても監督義務者の義務違反と当該未成年者の不法行為によつて生じた結果との間に相当因果関係を認めうるときは，監督義務者につき民法709条に基づく不法行為が成立するものと解するのが相当であつて，民法714条の規定が右解釈の妨げとなるものではない」（最二小判昭和49年3月22日民集28巻2号347頁）としており，未成年者に責任弁識能力がある場合であっても，監督義務違反が認められ，その監督義務違反と自転車事故との間に相当因果関係が認められるときは，当該監督義務者は民法709条により損

害賠償責任を負うこととなる。

⑶ 親権者の責任

　未成年者による自転車事故に関して，法定監督義務者の民法714条1項の責任について争われた判例において，未成年後見人の責任が争われたものは見当たらないが，親権者の責任が争われたものは多く存在する。親権者の民法714条1項の責任が争われた判例においては，①加害者である未成年者が責任無能力者であること，②責任無能力者の不法行為であることの両要件が認められた場合，③親権者が監督義務を怠らなかったこと，あるいは，④監督義務違反との因果関係の不存在の証明による親権者の免責が認められたものは見当たらない。未成年者の自転車事故において，民法714条1項ただし書により親権者の免責が認められる可能性は基本的に低い。

⑷ 未成年後見人の責任

　未成年者が加害運転者の自転車事故における，未成年後見人の民法714条1項に基づく責任については，これを判断した判例は見当たらないが，親族後見人のみならず，弁護士等の専門職後見人であったとしても，未成年者の身上監護について親権者と同一の権利義務を有することと民法で定められている以上（民法857条），未成年後見人についても，親権者と同様，民法714条1項ただし書による免責が認められるのは困難であると思われる。

3　本事例について

　本事例では，未成年者Aは10歳であるから，責任弁識能力は認められないと考えてよいであろう。Aは，自転車で坂道を猛スピードで走行し一時停止線を無視して信号機のない交差点に侵入し，歩行者Yと接触して同人を跳ね飛ばし，傷害を負わせたものであるから，これは責任無能力者による不法行為にも該当する。よって，Aの未成年後見人である弁護士Xは，民法714条1項に定める未成年者Aの法定監督義務者に該当するため，自らが監督義務を怠らなかったこと，ないし監督義務違反との因果関係の不存在の立証に成功しない限り，民法714条1項に基づき，Yに対して損害賠償責任を負うこ

ととなる。

　前述のサッカーボール事件判決では，民法714条1項ただし書により法定
監督義務者が免責される場合があり得ることを最高裁が示したものの，自転
車事故において未だ民法714条1項ただし書による法定監督義務者の免責を
認めた前例（判例）が見当たらないことや，本事例のAの過失の程度の大き
さなどに照らすと，未成年後見人Xが免責される可能性は低いと言わざるを
得ない。

　しかもYが，頭部挫傷及び右足大腿骨粉砕骨折の傷害を負い，脳の高次機
能障害と自立歩行が困難となる後遺障害を負っていることに鑑みると，弁護
士Xが負担すべき損害賠償額は極めて高額となることが予想される。弁護士
Xとしては，未成年後見人としての職務を行うに当たって，本事例のような
損害賠償責任を負うリスクが内在することに十分留意し，事前に，未成年後
見賠償責任保険特約が付された弁護士賠償責任保険に加入しておくべきであ
る。

Ⅴ　その他

3　財産管理トラブル

　　未成年者Ａは小学生の時に両親が離婚し，母親が親権者として監護養
育していた。Ａが12歳の時，母親が死亡したことから，独身である伯
父Ｘ（母親の兄）がＡの未成年後見人に選任され，ＣがＡを監護養育し
ていた。Ａには，12歳の時点で，母親の相続及び保険金受領によって
約2000万円の預金があったが，Ｘは未成年後見報告を選任１年後に
行ったのみで，その後は家庭裁判所からの連絡を拒絶している。

　　この度，Ａが15歳となり，家庭裁判所からの求めに応じてＸがＡの
財産目録を提出したところ，Ａの預金残高が1000万円となっていた。
そこで，家庭裁判所は，弁護士ＹをＡの未成年後見人として追加選任し，
財産管理全般に関する権限を付与した。

　　上記事実関係をＡは全く知らず，ＡとＸは仲良く暮らしている。Ｙが
行うべき未成年後見事務は何か。

Ⅴ-3

財産管理トラブル

━━━━━━━━━━ **ポイント** ━━━━━━━━━━

親族未成年後見人の不祥事事例を基に，専門職後見人の対応を解説する。
- □　児童の生活費・公的手当（生活保護・遺族年金・児童手当等）
- □　未成年後見人の財産管理調査
- □　未成年後見人間の権限分掌
- □　複数後見人・後見監督人・後見制度支援信託

1　未成年後見人の財産管理調査

　本事例においては，未成年者Ａが12歳の段階で存在していた約2000万円の
預金が，15歳の段階で1000万円に目減りしていたということであるから，親
族後見人であるＸの使い込み等も疑われる。新たに選任された専門職後見人
Ｙは，まずＸに対して，事情の説明を求めるとともに，速やかに未成年者Ａ
の財産の引渡しを求めて，今後のＡの財産を保全する必要がある。

195

Aの財産の引渡しに当たっては，YはXから預金通帳・キャッシュカード・年金証書（Aの遺族年金が費消されることを防ぐ必要がある）・実印・印鑑登録カード・銀行届出印等を預かる必要がある。Xが引渡しを拒絶した場合，預金通帳・キャッシュカード等については再発行，印鑑については改印届出等により対応することも考えられる。また，約3年の間で1000万円程度目減りしてしまった預金については，銀行の取引履歴を取得する一方で，Xに対して，具体的な使途の説明とともに，当該使途を示す客観的資料の提出も求める必要がある。Yは，この調査結果を取りまとめ，書面にて家庭裁判所に報告しなければならない。

2 同居する未成年後見人による財産費消

本事例においては，親族後見人Xと未成年者Aとが同居して，仲良く暮らしており，XによるAの身上監護については特段問題がないようにも思われる。専門職後見人Yによる調査の結果，XによるギャンブルへのAの財産の使い込み等，明らかに不正な財産費消が発覚した場合，Yとしては，Xに対して，費消したAの財産の返還を求めざるを得ないであろう。

しかし，同居する親族後見人による財産費消については，第三者による財産費消とは必ずしも同一視することができない事情もある。例えば，親族後見人の世帯全体が経済的に著しく困窮しており，その中で未成年者を養育していかなければならず，そのためには未成年者の養育のために支給される児童手当等のみならず，未成年者の財産を世帯全体の生活費に充てざるを得ない場合もある。親族後見人の世帯全体が経済的に著しく困窮している場合，当該世帯については本来生活保護の受給資格が与えられるべきところ，生計を同一にする未成年者に多額の財産がある場合，当該世帯について生活保護の受給資格が認められないことも十分に考えられる。

このような場合，親族後見人による未成年者の財産の支出については，未成年者の福祉にも資するのであるから，そもそも支出自体が違法とまでは言い難いとも考えられる。また，専門職後見人において，未成年者と同居する親族後見人に対して財産の返還を求めた場合，未成年者が親族後見人のもとに居づらくなるなど，未成年者の身上監護に悪影響が生じるおそれも存する

V　その他

ので，専門職後見人としては，未成年者に生じ得る不利益の程度についても
勘案した上で，親族後見人への請求に踏み切るか否かを判断すべきであろう。

　本事例の専門職後見人Ｙとしては，未成年者Ａの預金が約３年の間で1000
万円程度目減りしたことに関する調査結果により判明した事実関係に基づき，
その使途，親族後見人Ｘの経済状況等に加え，Ａの意向（15歳であればＡの
意思を把握し，その意思を相当程度尊重する必要もあろう）も踏まえた上で，
Ｘに対して返還を求めるか否かを判断することとなろう。また，その際には，
家庭裁判所とも十分に協議を行う必要がある。

3　親族後見人に対する責任追及

　前述の事情を踏まえ，専門職後見人Ｙとして親族後見人Ｘに対して責任追
及すべきとの判断に至った場合，まずは，Ｘに対して，財産の任意返還を求
めることにはなろう。Ｘが任意の返還に応じない場合，Ｙにおいて，回収可
能性等も勘案した上で，不法行為責任に基づく損害賠償請求ないし不当利得
に基づく返還請求訴訟を提起せざるを得ない場合も考えられる。

　また，Ｘの行為が悪質であり，かつ返還への協力が一切なされない場合，
Ｙとしては，業務上横領等を理由として刑事告訴を行うことも検討すること
もあり得る。Ｘは，Ａの同居の親族であるから，刑法244条等に定める親族
相盗例の対象となるようにも思えるが，判例は，家庭裁判所から選任された
未成年後見人は，「未成年被後見人と親族関係にあるか否かの区別なく，等
しく未成年被後見人のためにその財産を誠実に管理すべき法律上の義務を
負っていることは明らかである。……未成年後見人の後見の事務は公的性格
を有するものであって，家庭裁判所から選任された未成年後見人が，業務上
占有する未成年被後見人所有の財物を横領した場合に……刑法244条１項を
準用して刑法上の処罰を免れるものと解する余地はない」として，親族後見
人について親族相盗例の適用がない旨を判示している（最一小決平成20年２
月18日刑集62巻２号37頁）。

4　未成年者の財産管理（概説）

　親権者のいない未成年者に多額の財産が存在する場合においては，未成年

197

者名義の預金等が親族や未成年後見人によって費消されることもある。このリスクは，チェックする親族の目が少ない分，成年後見よりも高いかもしれない（通常，成年後見人の場合は，配偶者や子ども，兄弟姉妹等の推定相続人が複数人存在するが，親権者のいない未成年後見人の周囲の親族は限られている）。

　もちろん費消したのが専門職後見人（弁護士や司法書士等）の場合は論外であり，賠償責任の他にも所属会からの懲戒等厳しいペナルティーの対象となる。一方で，同居する親族が，自分の会計と未成年者の会計管理を混同することで，通常の生活費よりも多額の金銭を費消するような場合においては，前述のように個別具体的な事情を把握しながら対応を検討する必要がある。

　しかしながら，本事例の未成年者Aと親族後見人Xのように親族2名で仲良く暮らしている状況下において，突然に専門職である弁護士や司法書士が追加選任され，相未成年後見人となった親族に対して調査の目を向けると，親族からの反発は相当なものである。本事例においても，財産の減少が発覚した後に専門職後見人Yが追加選任されているが，YがA・Xという家族の間に介入することは，現実問題として相当な困難を伴う。

　そこで，現在の実務では，未成年後見人が選任される段階で，未成年者に多額の財産が確認される場合には，あらかじめ親族未成年後見人以外にも未成年後見監督人を選任したり，専門職未成年後見人を追加選任したりする運用がなされている（東京家庭裁判所の場合）。また，1000万円を超えるような保険金や預金資産については，後見制度支援信託を利用し，親族後見人があらかじめ定められた金額を定期的（3か月ごとや半年ごと）に受領し管理する方法も採用されている。

　未成年後見人の財産を確保するためには，本事例のような事後的な対応よりも，こうした予防的なスキームを積極的に検討するべきである（費消された財産を回収することは現実問題として非常に困難である）。

Ｖ　その他

4　家庭裁判所との関係（各種報告書）

> 　未成年者Ａ（12歳）には親権者がおらず，伯父のＸが養育しているが，Ａには精神障害がある。この度，Ａの未成年後見人として社会福祉士Ｚが選任された。
> 　Ｘを含めたＡの親族は，Ａの死亡した親権者の遺産やＡの養育に関して対立がある。Ｚは選任当初からＡの親族間対立に巻き込まれており，Ａの身上監護に関してなかなか意見が合わない。
> 　Ｘの選任後１年が経過し，裁判所からは定期報告を求められている。

Ｖ-4

家庭裁判所との関係（各種報告書）

■ ポイント ■

　親族間の対立が存在する未成年後見事例を基に，家庭裁判所との連携方法を紹介する。
　□　初回報告・定期報告・臨時報告
　□　連絡票
　□　東京家庭裁判所「未成年後見人Q&A」

1　家庭裁判所への報告

　未成年後見人は，家庭裁判所又は後見監督人に対し，未成年者の生活状況や財産管理状況について報告をしなければならない。

　未成年後見人による家庭裁判所への報告には，選任直後になさなければならない初回報告（選任から１か月以内），毎年指定された時期になさなければならない定期報告のほか，未成年後見人又は未成年者の転居・養子縁組等・住民票や戸籍に変動が生じた場合や，保険金の受領，不動産の処分等，財産に大きな変動が見込まれる場合などに，連絡票を用いて行う臨時報告がある。

　未成年後見人が家庭裁判所への必要な報告を怠った場合，弁護士等の専門職が家庭裁判所より調査人として選任され，後見事務や財産状況の調査が命

199

じられたり，専門職後見人の追加選任や後見監督人が選任されたりすることがある。さらに，任務違反の程度によっては，家庭裁判所より未成年後見人を解任される場合もある。

2　未成年後見人による定期報告

(1)　1回目の定期報告

裁判所からあらかじめ1回目の定期報告書の提出時期が指定されるので，未成年後見人は，当該提出時期に自主的に定期報告をする必要がある。定期報告に際しては，原則として，①後見事務報告書（未成年），②財産目録（定期報告用）のほか，預金通帳の写し等の必要な資料を添付して，家庭裁判所に提出する。また，後見人の報酬付与を申し立てるのであれば，定期報告の時期に併せて申立てをする必要があるため，その場合，報酬付与申立書及び報酬付与事情申立書も提出することとなる。後見事務報告書（未成年），財産目録及び報酬付与申立書等の書式・記載方法等については，東京家庭裁判所が公表している「未成年後見人Q&A」に詳しく記載されているので，参照されたい。

また，後見監督人が選任されている場合は，後見人は，後見監督人の指示に従い，定期報告を後見監督人に対して行うこととなる。

(2)　2回目の定期報告

裁判所からあらかじめ定期報告書の提出時期が指定されているので，裁判所からの特段の指示がない限り，毎年定められた提出時期に自主的に定期報告をする必要がある。提出すべき書類は，1回目の定期報告と同様であるが，未成年者の収支に大きな変動があった場合は，実態に即した年間収支予定表を改めて提出する必要がある。報酬付与申立てについても同時期に併せて行うべきであることについても1回目の定期報告と同様である。

また，後見監督人が選任されている場合は，後見人は，後見監督人の指示に従い，定期報告を後見監督人に対して行う。

3　未成年後見人による臨時報告

未成年後見人は，定期報告のほか，後見業務に関して重大な変動が生じた

場合には家庭裁判所への報告（臨時報告）を行わなければならない。

　具体的には，未成年後見人又は未成年者が転居したり，養子縁組をしたりするなど，住民票や戸籍に変更が生じた場合，未成年後見人は，新しい住民票や戸籍謄本を家庭裁判所に提出しなければならない。

　また，保険金の受領・不動産の処分・遺産分割・債務の返済等，未成年者の財産に大きな変動が見込まれる場合，連絡票を利用して，家庭裁判所に報告をしなければならない。

　さらに，未成年後見人としては，後見事務を行うに当たり，重要な事項が生じた場合や後見人として対応に窮することに直面した場合には，連絡票等を活用し，家庭裁判所と協議を行うべきである。家庭裁判所との協議方法としては，連絡票による方法のほか，家庭裁判所の担当書記官に電話で問い合わせ，場合によっては担当裁判官・書記官・調査官等と面談することもあり得る。

4　親族間の対立

　本事例では，未成年後見人として選任された社会福祉士Ｚが，親族間の対立に巻き込まれており，未成年者Ａの親権者の遺産分割が進まず，Ａの身上監護に関する意見調整にも苦慮している状況にある。

　未成年後見制度においては，そもそも未成年後見人の選任申立ての端緒として，親権者の死亡（相続手続・保険金受領）等の事情があり，未成年者の財産管理と身上監護について，親権者の代わりとなる「後見人」が必要となったことからこそ申立てがなされている。そこには利害が対立している親族が複数存在していることも少なくないのである。専門職後見人が職務において一番悩むことは，この親族間の調整と言っても過言ではない。

　本事例においても，専門職である社会福祉士Ｚには，精神障害を持つ未成年者Ａと親族との間を調整して，適切な監護養育環境を確保することが期待されている。しかし，未成年後見人とはいえ他人が「家庭」に介入することは，他の福祉分野（介護保険の適用によるヘルパー利用や成年後見人選任等）と同じく，親族からの抵抗も強い。

　そのため，Ｚとしては，早い段階（初回報告書を作成する段階）で，未成

年者A及び各親族の関係図（エコマップ）を作成しながら，インテーク（聴き取り）を丁寧に行い，Aを中心とした監護養育方針を計画する必要がある。また，必要に応じて家庭裁判所と協議をしたり，場合によっては家庭裁判所調査官の調査や意見を求めたりすることも必要となる。その際には，前述の連絡票を用いて，担当の裁判所書記官及び裁判官と連携を取っておくことが重要である。同じく，今回の事例のような一定期間経過後の定期報告時期に当たっても，今後の後見事務の進め方について家庭裁判所と協議を行うべきである。

　一方で，本事例のように遺産分割について親族間に対立がある場合には，福祉の専門家であるＺが，Aを中心として各親族の意見調整を行うことには限界があるし，利益が相反することで活動が制約される事態も生じる。こうした場合には，遺産分割調停申立ての必要性等を含めて，家庭裁判所との連携を密にし，協議の結果，法律専門家である弁護士を未成年後見人として追加選任するなどの方法も考えられる。その場合は，一般的に財産管理権については，追加選任される弁護士が，監護養育に関しては，社会福祉士であるＺが担当する旨の事務分掌を定めることになろう。

　専門職である未成年後見人に期待される業務は数多くあるが，実際に選任担当することになった専門職としては，関係者と信頼関係を築きながら，事案の見極めを行い，家庭裁判所と情報を共有することが重要となる。そして，専門職である自分にできる業務と，他の専門職のアプローチが必要な業務について，専門職同士で連携して対応するスキームの構築も視野に入れるべきである。今後は，弁護士・司法書士・税理士・社会福祉士・精神保健福祉士，その他各種法人（FPICや少年友の会等）と，法律・会計・教育・福祉等の各連携も期待されている。

V　その他

5　報酬請求

> 　未成年者Aには軽度の知的障害があり，親権者が養育を放棄したことから，幼いころから児童養護施設で生活していた。
>
> 　この度，Aが18歳になり施設を退所するため，今後は養育手帳や自立支援プログラム等公的な援助を利用する目的で，未成年後見人として，社会福祉士と精神保健福祉士の資格を持つXが選任された。
>
> 　Xの選任から1年が経過し，裁判所からは報酬申立て及び後見報告が求められている。

Ⅴ-5

報酬請求

━━━━━━━━ ポイント ━━━━━━━━

専門職後見人（福祉職）の事例を基に，未成年後見人の報酬制度について解説する。
- □　未成年後見報酬（審判）
- □　未成年後見人支援事業（報酬助成制度）
- □　障害児童への援助制度
- □　報酬が回収できないケース

1　未成年後見報酬（審判）

　未成年後見人は，家庭裁判所に報酬付与申立てを行い，家庭裁判所の審判によって定められた報酬を，未成年者の財産から受けることができる（民法862条，家事事件手続法別表第一の80）。

　報酬付与の時期は審判から1年経過後とされ，その後は毎年当該指定月に報酬付与の申立てを行うこととなる（東京家庭裁判所の場合には，審判書謄本に同封されている書面「最初にお読みください」に具体的な指定月が記載されている）。

　報酬付与申立てに当たっては，報酬付与申立書のほかに，報酬付与申立事情説明書・後見等事務報告書・財産目録・収支状況報告書・預貯金残高を示

203

す資料を提出する必要がある。つまり，毎年の後見等事務報告をするのと同時に，報酬付与の申立てをすることとなる。報酬付与申立ては，申立ては1年に1回，かつ将来分の請求はできないとされているが，後見終了時の場合には，前回の報酬付与申立てから後見終了時までの報酬を求めることとなるので，当然1年経過前に申立てを行うこととなる。

　また，後述の未成年後見人支援事業の対象となっている場合や，その他特別の事情がある場合には，審判から1年経過前や，将来の報酬を含む申立てが認められることもある。例えば，未成年者がまもなく成人となるに当たり，後見終了と同時に直ちに財産を自己に引き渡すようあらかじめ強く求められている場合などには，後見終了1か月，半月程度前に最後の後見等事務報告を行うと同時に将来分（残り後見期間分）を含む報酬付与申立てを行うということもあり得る。そのような特別の事情がある場合には，申立ての際に，具体的に必要性を記載した上申書を提出することが必要である。なお，審判から1年が経過していない時点で，何らかの事情によって初回の報酬付与申立てをした場合には，翌年以降の指定月は初回報酬付与申立てを行った時期とされる。

2 未成年後見人支援事業（報酬助成制度）

(1) 未成年後見人支援事業における報酬助成制度

　未成年後見人の報酬は未成年者の財産から支弁されるが（民法862条），未成年後見人を必要とする未成年者が必ずしも十分な財産を有しているとは限らず，明らかに報酬の回収が見込めないことから未成年後見人のなり手がいないというような事態が生じかねない。しかし，児童相談所が必要と認め，家庭裁判所も選任が適当と判断している場合に，報酬の回収が見込めないために未成年後見人が確保できないというのでは全く相当でない。そのため，そのような未成年者の福祉に資することを目的に，一定の要件を満たす場合に，申立てを行った児童相談所を管轄する自治体が未成年後見人の報酬の一部又は全部（報酬付与審判で決定された額の範囲内で上限年額24万円）を助成するというのが，未成年後見人支援事業である（「児童虐待防止対策支援事業の実施について」平成17年5月2日雇児発第0502001号

厚生労働省雇用均等・児童家庭局長通知）。

(2) 対象案件

　未成年後見人支援事業の制度趣旨が前述のようなものであることから，報酬助成の対象となるのは，児童相談所長が児童福祉法33条の8に基づき未成年後見人の選任申立てを行い選任された者で，以下の要件を全て満たす場合とされている（前掲「児童虐待防止対策支援事業の実施について」）。

　① 未成年者が，措置又は一時保護を行っているなど児童相談所が関与している児童等であること。

　② 未成年者の資産評価額の合計が1000万円未満であること。

　③ 未成年後見人が，民法725条に定める親族（六親等内の血族，配偶者，三親等内の姻族）以外の者であること。

　④ 未成年者が，児童福祉法27条1項3号に基づく措置（乳児院，児童養護施設，障害児入所施設，児童心理治療施設，児童自立支援施設への入所）又は委託（小規模住居型児童養育事業者，及び里親）がされている場合に，当該未成年者が入所している施設の法人及び法人職員又は委託されている里親でないこと。

　本事例の場合，未成年者Aは幼い頃より児童養護施設に入所していたところ，18歳を迎えるに当たって，今後養育手帳や自立支援プログラム等を利用することを目的に未成年後見人が選任されたということであるから，児童福祉法33条の8に基づき，児童相談所長により申立てがなされ，今後も児童相談所が関与することとなる案件と言える。そして，選任された未成年後見人Zは，Aの親族や，入所施設の法人，法人職員又は委託先の里親等でもない者であるから，未成年後見人支援事業の対象となると考えられる。

(3) 報酬助成の申請

　未成年後見人は，①家庭裁判所の報酬付与審判書，②未成年後見人支援事業資産状況届出書，③未成年後見人支援事業資産状況等調査同意書を，未成年後見人の選任申立てを行った児童相談所長宛に提出し，当該年度分の報酬助成を同年度内に申請する。これらの手続に関する案内・必要書類の書式等は，未成年後見人選任後に児童相談所より各自治体が制定する実

施要綱とともに送付されるので，選任後必ず確認しておくようにする。

　ところで，家庭裁判所の定める報酬付与申立ての時期は審判から1年が経過した時期に，当該1年分を申し立てることになるため，必ずしも4月から3月までの1年度分の報酬付与審判がなされるわけではない。例えば，平成29年10月に審判がなされた場合には，翌平成30年の10月に，平成29年10月から平成30年9月までの報酬付与を申し立てることとなるが，報酬助成の申請は平成29年10月から翌年3月までの同一年度分は3月中にしなければならず，年度が変わると前年度分の報酬については報酬助成が一切なされない。そのため，家庭裁判所の定める指定月に従い平成30年10月に報酬付与申立てを行い，報酬付与審判を得た上で当該1年分の報酬助成を申請しても，助成金が支払われるのは平成30年4月から9月分のみとなってしまう。

　このような事態を避けるために，支援事業の対象事件の場合には，初回の報酬付与申立てを審判がなされた月の属する年度内に行うこととなる。審判から1年未満，かつ一部将来分の報酬も含む申立てとなるが，例えば東京家庭裁判所では，未成年後見人支援事業（報酬助成）の対象事件であるため年度内の報酬付与審判が必要である旨の上申をすることで，当該年度内の期間について報酬付与の審判がなされる運用となっている。この場合，報酬付与申立てと同時に提出する後見等事務報告書・財産目録・収支状況報告書等は，申立月の前月末日現在で作成する。申立時期は，遅くとも当該年度の3月15日頃までとされているが，補正等によって年度内に審判がなされない可能性もあるため注意が必要である。

　こうして審判から1年未満で，年度内に初回報酬付与申立てを行った場合，指定月が申立てを行った月に変更されるため，翌年以降も毎年初回報酬付与申立てを行ったのと同じ月に，上申書を提出し，報酬付与申立て及び後見当事務報告を行うこととなる。

　本事例において，未成年後見人Xは未成年後見人支援事業を利用することができると考えられるので，審判から1年が経過する前に年度が切り替わる場合には，年度内に報酬付与審判を得て，報酬助成の申請をする必要がある。本事例の場合，審判から1年が経過したとのことであるため，報

V　その他

酬助成を受けられない期間が生じている可能性が高い。

⑷　未成年後見人支援事業の拡大

　専門職後見人の無報酬問題に対しては，各弁護士会（都道府県の単位会）や，日本弁護士連合会でも従来から問題となっていた。

　上記の報酬支援事業は，平成24年4月に厚生労働省が開始した制度であるが，補助対象が児童相談所長の選任請求によって選任された未成年後見人に限定されていた上に，各自治体において当該事業を実施する予算措置が前提となっているため，自治体によっては事業自体が実施されていない場合もある。

　そうした状況の中，平成30年4月1日より，上記支援事業の補助対象が拡大され，児童相談所長の選任請求によって選任された未成年後見人だけでなく，それ以外の未成年後見人でも，「児童相談所長が選任請求を行う場合に準じる状況にあると児童相談所長が認める児童に係る未成年後見人」も対象となった（前掲「児童虐待防止対策支援事業の実施について」）。具体的には，次のいずれかの要件を満たしている場合には，上記の支援事業を検討することになる。

　①　児童相談所が把握している児童
　②　保護者のいない児童又は保護者に監督させることが不適当であると認められる児童（要保護児童）
　③　親族が，監護・養育能力に欠けるため，親族以外の者を未成年後見人として選任せざるを得ない状況にある児童

3　障害児童への援助制度

⑴　児童福祉法による障害児童への援助

　障害児（児童福祉法4条2項）を対象とした支援については，従来，障害種別により施設が分別され，制度の根拠法規，主体等が細分化されていたところ，平成24年4月より，根拠法規が児童福祉法に一本化されるとともに，通所支援（下記①ないし④），入所支援（下記⑤）の制度へと体系が再編された（なお，以下に挙げる各支援の内容及び根拠条文は，平成30年4月1日施行の改正児童福祉法に基づくものである）。

通所，入所，いずれの支援を受ける場合にも，児童福祉法所定の給付費，医療費の支給があり，18歳以上の者であっても対象者には利用者負担の上限や食費・光熱水費の負担軽減措置などがとられている。

① 児童発達支援

　未就学の障害児を対象に，児童発達支援センター等において，障害児を日常生活における基本的な動作の指導，知識技能の付与，集団生活への適応訓練その他必要な支援を行う（児童福祉法6条の2の2第2項）。児童発達支援センターは児童福祉施設であり，通所児童への療育だけでなく，障害児の家族や，障害児を預かる施設に対する支援も含め，地域における支援を実施している（児童福祉法7条1項，43条）。

② 放課後等デイサービス

　児童発達支援センター等において，学校（学校教育法1条で規定する学校のうち，幼稚園と大学を除くもの）に就学している障害児に対し，放課後や夏休み等長期休暇中に生活能力向上のための訓練等を継続的に提供する（児童福祉法6条の2の2第4項）。学校と連携し，障害児の自立を促進するとともに，障害児の学校以外での居場所作りを推進することが目的とされる。

③ 保育所等訪問支援

　保育所等の施設を利用中，又は利用する予定の障害児のうち，集団生活への適応のため専門的な支援を必要とする児童（発達障害児やその他特に気になる点が見られる児童）について，訪問支援員が保育所を訪問し，障害児本人への支援のみならず，施設職員等スタッフに対し支援方法を指導するなどする（児童福祉法6条の2の2第6項）。障害児本人や施設職員に対し，集団生活への適応のための専門的支援を提供することで，保育所等を安定して利用できるようにすることが目的とされる。

④ 居宅訪問型児童発達支援

　重度の障害等のため，①ないし③の支援を受けるための通所や外出等が著しく困難な障害児に対しては，居宅を訪問し，日常生活における基本的な動作の指導，知識技能の付与，集団生活への適応訓練その他必要な支援を行う，訪問型の発達支援制度も設けられている（児童福祉法6

V　その他

条の２の２第５項）。

⑤　障害児入所支援

　　身体障害児・知的障害児・精神障害児（発達障害児を含む）について，障害に応じた適切な支援を提供し，保護，日常生活の指導，独立自活に必要な知識技能の付与を行う。重複障害児にも対応し，医療を併せて提供するか否かによって，福祉型と医療型の２類型が設けられている（児童福祉法42条）。この施設では，18歳を迎えたことで障害児が退所を余儀なくされないよう配慮をすることとされ，引き続き入所支援を受けなければ福祉を損なうおそれがあると認められる場合には，満20歳まで入所を継続し，自立に向けた支援を受けることができる（18歳以上の場合には，障害者総合支援法によって対応がなされる）。

(2)　児童自立生活援助

　児童養護施設等に入所するなど，児童福祉法27条１項３号の措置がとられていた児童は，義務教育の終了，又は18歳を迎えることにより措置が解除され，当該施設を退所することとなる。しかし，義務教育が終了，又は18歳になったからといって直ちに自活ができるとは限らない。そのような児童の自立支援を図る観点から，施設を退所し，就職等をする児童等に対し，地方公共団体や社会福祉法人等で，都道府県知事等が認可した事業者が運営する自立援助ホームに入居し，日常生活上の援助及び生活指導や就業の支援を行う制度が設けられている（児童福祉法33条の６，６条の３）。

　自立援助ホームでは，必要に応じて児童相談所や市区町村・児童家庭支援センター・警察・児童委員・公共職業安定所等の関係機関等と連携し，児童の自立に向けた指導・支援が行われる（「児童自立生活援助事業の実施について」平成10年４月22日児発第344号厚生省児童家庭局長通知）。

　本事例においても，未成年者Ａは18歳で児童養護施設を退所するということであるが，知的障害を持ち，公的サービスを受ける必要があることから，退所と同時に自立援助ホームに入所し，各種支援を受けながら自立を目指していくこととなる。

(3)　療育手帳制度

　知的障害児・知的障害者への一貫した指導・相談を行うとともに，これ

V-5

報酬請求

209

らの者に対して各種の援助措置を受けやすくするため，児童相談所（18歳未満），知的障害者更生相談所（18歳以上）において知的障害と判定された者に対して，都道府県知事又は指定都市市長が交付する手帳である（「療育手帳制度について」昭和48年9月27日厚生省発児第156号厚生事務次官通知）。

交付の判断基準や運用については自治体ごとに定められ（東京都の場合，療育手帳は「愛の手帳」と言い，「東京都愛の手帳交付要綱」が定められている），通常は医学的・心理学的・社会的診断的な見地から知能測定値・知的能力・基本的生活等の項目等について調査の上，精神科医や心理士らによって総合的に判定することとなる（18歳未満とそれ以上で基準が異なる）。

判定は原則2年ごととされており，自治体によっては更新期間を2年以上としたりする場合もあるが，18歳になると必ず更新判定を受ける必要がある。対象者の知的障害の程度に応じ，重度は「A」，それ以外は「B」とされるが，自治体により，A・Bの2区分以外に中程度の区分を設けている場合もある。療育手帳は本人の申請によって交付されるもので，取得は任意である。しかし，交付を受けると，自治体の定めや障害の程度によって異なるが，各種手当ての受給，税金の控除，公営住宅への入居の優遇，公共交通機関の料金の減免等様々な公的サービスが受けられるため，未成年後見人としては未成年者に知的障害が認められる場合には申請をすべきである。

本事例の未成年者Aのように，知的障害児が児童養護施設を退所するのに伴い児童相談所長による未成年後見人の選任申立てがなされている場合には，未成年後見人選任時には既に療育手帳を取得している可能性が高い。判定の更新も入所施設において適宜対応がなされていると思われるが，Aは既に18歳となっているので，未成年後見人Xは速やかに自治体に確認の上，Aに18歳時の更新判定を受けさせ，手帳を書き換える必要がある。

4　報酬が回収できないケース

未成年後見人の報酬は，未成年者自身の財産より支弁されるため，未成年者に目立った財産がない場合には，報酬付与審判がなされても実際には報酬

が回収できない。未成年後見人支援事業の要件を満たしている場合には，年額24万円までは助成を受けることができるが，その対象ですらない場合には，未成年後見人は全く報酬を受けることができないこととなる。明らかに報酬回収見込みのない案件であることを理由に，未成年後見人候補者が辞退したり，未成年後見に携わろうとする者がいなくなったりということも十分考えられる。

　報酬助成事業が拡大されたこともあり，未成年後見人を必要とする未成年者には必ず後見人選任がなされるようにするという観点からも，自治体や児童相談所による申立て・関与を積極的に促すことや，更なる補助制度等の検討も必要であろう。

6 未成年後見人の具体的業務

　　未成年者Aは，5歳の女の子である。いまは，世田谷区内の里親のもとで暮らしている。Aは非嫡出子で，Aの母親Bは25歳で死亡した。Bの死亡時には，AはBと別居し，乳児院に入所していた。東京都内に居住しているBの両親（祖父母）がAを引き取って世話をすることが検討されたものの，Bの両親は引取りを拒否した。このため，児童相談所により里親が選定され，Aは里親のもとで暮らすようになった。しかし，里親は，A子とすぐに養子縁組をする決断ができなかった。

　　なお，Bは精神疾患があり，障害年金を受給していた。

　　また，Aは幼少時に重篤な病気にかかったことがあった。医師によっては，医療行為を行うに当たり，里親の同意では足りないとして診察してくれないところもあった。Aの病気は再発する可能性があり，緊急時に適切な医療行為を迅速に受ける必要があるので，里親は緊急時に医療行為をきちんと受けられるか否かを心配している。

　　そこで，児童相談所が申立人となって未成年後見人を選任する申立てを行い，弁護士法人である法律事務所Xが未成年後見人に選任された。

　　Xの業務はいかなるものか。

　　　　　　　　　　　　　　　　　本事例は実際にあった事案を改変したものである

■■■■■■■■■■■■■■ ポイント ■■■■■■■■■■■■■■

最後に，より個別具体的な事例を紹介形式で解説する。

里親・年金・医療について考察し，未成年後見人の業務範囲の広さを指摘するものである。

- □　里親制度
- □　遺族年金の受給
- □　医療行為の同意

V その他

1 里親制度について

本事例において，未成年者Aは里親のもとで生活をしていた。里親制度は，家庭での養育が困難又は受けられなくなった子どもを，里親のもとで養育する制度であり，児童福祉法27条1項に基づく都道府県の措置の1つとして位置づけられている制度であり（児童福祉法27条1項4号），原則として，子どもが18歳になるまで里親のもとで養育することを予定している。里親制度が利用されるときには，必ずしも里親が養育する子どもと養子縁組することを予定するわけではない。里親と里親に養育されている子どもとの間には，法律上の親子関係がなく，里親には法定代理権がないこともある。このため，里親のもとで生活をしている子どもについて法的手続をするときには，未成年後見人を選任することなどが必要になってくるのである。

2 遺族年金の受給

遺族年金は死亡した年金受給者によって生計を維持したものに支給される（国民年金法37条，37条の2，厚生年金保険法58条，59条）。本事例では，未成年者Aが遺族年金を受給できるようにするための手続をなすことが，未成年後見人の重要な業務となる。

また，Bは，精神的疾患があったため障害年金を受給していた。Aの父親は不明であり，Bは，Aを産んだ当初は自分1人でAを育てていた。しかし，Bは，疾病の影響で精神面が不安定であった。このため，Bは，Aの育児を続けることができず，児童相談所が関与することになり，Aは乳児院に預けられることになったのである。

Bは，Aが乳児院に預けられた後も，Aのところに頻繁に面会に来ていて，自分が受給していた年金で買った食べ物や洋服等を持ってきていた。体調が悪くて面会に来られないときなどには，乳児院に電話してAの様子を確認していた。Bは，精神的疾患の治療を続け，体調が回復して生活が安定すれば，Aとの同居を再開することを希望していた。しかし，Bは，Aを引き取って同居を再開することができないまま，25歳の若さで亡くなってしまった。

Bが死亡したのち，児童相談所は，東京都内にあるBの実家に連絡を取り，一時期はBの実家（祖父母）がAを引き取って養育する話もなされていたよ

うである。しかし、最終的にはBの実家がAを引き取ることを拒否したため、Aは、児童相談所が選定した里親のもとで暮らすことになったのである。また、児童相談所は、遺族年金の手続や医療行為のために未成年後見人の選任申立てをしたという経緯がある。

　Aは幼少であり、当然A自身に預貯金等の資産はなく、未成年後見人に引き継がれるべきAの資産があるわけでもなかった。そこで、未成年後見人としてなすべき財産管理業務は、母親の受給していた障害年金を遺族としてAが受給できるようにすることであった。前述の通り、遺族年金は、年金を受給していた者の家族であれば誰でも受給できるわけではない。死亡した年金受給者によって「生計を維持していた者」であることが受給要件の1つになる。年金受給者と同居して生活をしたものであれば「生計を維持」していた者に該当することは明確である。しかし、同居が絶対に必要なわけではなく、別居をしていても、年金受給者から仕送りを受けて生活しているときは、「生計を維持」していた者に該当するとされることもある。

　本事例については、未成年後見人として遺族年金受給の手続をした当初は、Bが受給していた障害年金であるから特段の問題もなく手続が進むと考えていた。しかし、実際に手続を進めてみると、AがBと同居していたわけではなく、乳児院で暮らしていたことから、AがBの年金で「生計を維持」していたと言えるのかが問題になり、申請後に年金事務所から照会書面が届いた。年金事務所からは、「生計同一関係に関する申立書」を提出するように求められた。この申立書は、「別居していたことの理由」、「経済的援助の有無、経済的援助の内容」、「定期的な音信・訪問」、「生計が同一であったこと」などを記載する書式になっている。

　Aの生計はその全てがBによって維持されていたとは言い難いため、この申立書を作成するとき、どのように記載すべきか難しいところである。「生計を維持」の要件を満たさなければ、実質的必要性をどれほど強調しても意味がない。しかし、AがBの援助も受けながら生育をしていたことは間違いのないことであるし、Aの福祉にとって遺族年金の受給が重要であることも間違いない。未成年後見人は、Bが死亡した後に選任されたため、Bが存命中に、Aとどのような関わりを持っていたのかは、正確には分からなかった。

214

V　その他

そこで，申立書を作成するに当たり，Aが乳児院にいた当時の状況をよく知っている児童相談所に依頼し，乳児院にいたときにBがどのような関わりを持っていたかについて，申立書の該当部分の作成を協力してもらうことにした。

児童相談所は，その書面作成に協力をしてくれ，その書面において，Bが頻繁にAのところに通ってきたこと，Bの受給していた年金で買物をしてきていたことを記載してもらえた。この書面を年金事務所に提出したところ，無事に遺族年金の受給が認めてもらえることになった。

3　医療行為の同意

本編V-5でも解説したが，成年後見制度の場合には，成年後見人は医療行為の同意権がないとされている。このため，医療機関から同意を求められた成年後見人はその対応に苦慮することになる場合もある。一方で，未成年後見人は，親権を行う者と同一の権利義務を有する（民法857条）。そして，親権を行う者は，子の利益のために子の監護及び教育をする権利を有するとともに義務を負っており（民法820条），未成年後見人には医療行為の同意権があると考えられている。

本事例においても，未成年者Aの緊急時には，未成年後見人が同意することにより，迅速に適切な医療を受けられるようにすることができる。もっとも，未成年者と日常生活を送っている親族や里親等と異なり，専門職の未成年後見人は，未成年者の緊急時に必ずしも迅速に対応できるとは限らない。

そこで，担当医に面談し，あらかじめ緊急時の医療行為については同意することを話しておいたり，初めて診察を受けることになる医師による医療行為を受けることを想定して，未成年者を監護している里親等に，未成年後見人が作成した同意書を渡しておいたりするなどの工夫も必要になる。

4　その他（結び）

本事例では，里親に監護養育されている未成年者について，法的な代理手続として，遺族年金の受領と医療同意について簡単に業務を紹介した。

こうした業務以外にも，未成年後見人は，これまで解説してきたような，

財産管理（預金管理，保険金受領，遺産分割協議，各種契約締結等），監護養育（居住地指定，就業・就学相談，婚姻擬制，養子縁組等）の業務を継続的に行うことになる。まさに親権者の代わりとして，親と同じか，場合によってはそれ以上の負担がかかる業務である。

こうした未成年後見人を，弁護士や司法書士，社会福祉等の専門職から選任される事例が年々増加しているが，上記のような極めて広範囲な業務に対応するには，一専門職としての見識（弁護士であれば法律的知識や経験）では到底足りず，特に親族間の調整では，全人格的なアプローチ（ある意味で体当たり）が必要となる。

そのため，本書では可能な限り具体的な業務について解説を加えたが，あるべき「正解」や手続の「マニュアル」を作成することが非常に難しいところでもある。しかし，それだけの業務だけに，やりがいがある仕事であることは間違いない。

本書を執筆したのも，弁護士・社会福祉士等の専門職であるが，日常業務では一般民事や家事事件，刑事事件（少年事件），企業法務，破産管財，交通事故，高齢者，障害者，子どもの福祉関連等の広範な業務をこなしている。筆者は各専門職とも未成年後見人を受任しているが，未成年後見事件は未成年者が成年に達するまで継続する業務であり（小学生なら10年くらいの付き合いになる），事件としては非常に労力がかかる。しかし，日頃から広範囲の業務を扱っているからこそ，継続的かつ難易度の高い未成年後見人の受任が可能となっていると考える。

今後とも，専門職未成年後見人においては，各専門職（法律や福祉等）としての研鑽を積みながら，「子どもの福祉」という視点から積極的に未成年後見人業務へのアプローチをするべきである。そして，補えない業務においては，親族との協力関係はもちろん，家庭裁判所及び他の専門職との連携が重要となってくる。

執筆者一覧

編集・執筆代表者

相原　佳子（あいばら　よしこ）
第一東京弁護士会／野田記念法律事務所

石坂　　浩（いしざか　ひろし）
第一東京弁護士会／石坂綜合法律事務所

執 筆 者（50音順）

足立　幸子（あだち　さちこ）
第一東京弁護士会／弁護士法人渋谷シビック法律事務所

上杉　雅央（うえすぎ　まさお）
第一東京弁護士会／弁護士法人渋谷シビック法律事務所

佐久間　桜（さくま　さくら）
和歌山弁護士会／紀中ひまわり基金法律事務所

髙橋　健人（たかはし　けんと）
第一東京弁護士会／弁護士法人渋谷シビック法律事務所

中村あゆ美（なかむら　あゆみ）
第一東京弁護士会／関東法律事務所

程川　真澄（ほどかわ　ますみ）
埼玉弁護士会／法テラス熊谷法律事務所

三崎　高治（みさき　こうじ）
第一東京弁護士会／荒木・西畑法律事務所

八木　　理（やぎ　おさむ）
第一東京弁護士会／田邊・矢野・八木法律事務所

※所属は平成30年11月 1 日現在

事例解説　未成年後見実務

平成30年11月16日　初版発行

編　者　相　原　佳　子
　　　　石　坂　浩

発行者　和　田　裕

発行所　日本加除出版株式会社
本　社　郵便番号 171-8516
　　　　東京都豊島区南長崎 3 丁目 16 番 6 号
　　　　T E L　(03)3953 - 5757 (代表)
　　　　　　　　(03)3952 - 5759 (編集)
　　　　F A X　(03)3953 - 5772
　　　　U R L　www.kajo.co.jp
営業部　郵便番号 171-8516
　　　　東京都豊島区南長崎 3 丁目 16 番 6 号
　　　　T E L　(03)3953 - 5642
　　　　F A X　(03)3953 - 2061

組版 ㈱郁文 ／ 印刷・製本 ㈱倉田印刷

落丁本・乱丁本は本社でお取替えいたします。
★定価はカバー等に表示してあります。
Ⓒ Y. Aibara, H. Ishizaka 2018
Printed in Japan
ISBN978-4-8178-4527-6

JCOPY 〈出版者著作権管理機構　委託出版物〉
　本書を無断で複写複製（電子化を含む）することは，著作権法上の例外を除き，禁じられています。複写される場合は，そのつど事前に出版者著作権管理機構（JCOPY）の許諾を得てください。
　また本書を代行業者等の第三者に依頼してスキャンやデジタル化することは，たとえ個人や家庭内での利用であっても一切認められておりません。

〈JCOPY〉　H P：http://www.jcopy.or.jp/，e-mail：info@jcopy.or.jp
　　　　　電話：03-3513-6969，FAX：03-3513-6979

家庭の法と裁判
FAMILY COURT JOURNAL

家庭の法と裁判研究会 編
年6回(4・6・8・10・12・2月)刊 B5判 本体1,800円+税 ISSN2189-1702

- ●「家事事件」「少年事件」の最新裁判例を発信する家裁実務及び支援の現場のための専門情報誌。
- ●収録の家事裁判例・少年裁判例には、実務上参考となる、その判断の意義や位置づけ等を示す「解説（コメント）」を裁判例毎に掲載。

成年後見における
意思の探求と日常の事務
事例にみる問題点と対応策

松川正毅 編
2016年1月刊 A5判 300頁 本体2,800円+税 978-4-8178-4284-8

- ●被後見人の意思を探ることの意味を、後見開始から順を追って考察。
- ●実務で遭遇するであろう重要な問題を題材にして、被後見人の意思、事務の正当性を、問題指摘とともに探求。

商品番号：40616
略　　号：成年事

判例先例　親族法　後見

中山直子 著
2018年3月刊 A5判上製 416頁 本体5,000円+税 978-4-8178-4459-0

- ●第一線で活躍する裁判官が、後見（成年後見、任意後見、未成年後見）実務の諸問題と、裁判所における実務処理を解説。約200件の判例・先例を紹介し、その詳細な分析をもとに実務を読み解く。家事事件手続法下での運用、成年後見制度利用促進基本計画概要など、最新の現状を紹介。

商品番号：49077
略　　号：判親後

改訂　児童相談所における
子ども虐待事案への法的対応
常勤弁護士の視点から

久保健二 著
2018年6月刊 A5判 492頁 本体4,400円+税 978-4-8178-4484-2

- ●児相で何が起きているのか？　子ども虐待対応、虐待対応上の諸問題、里親委託・施設入所中の問題、被措置児童等虐待、養子縁組等、日々生じる132事案とその実践的な対応を解説。
- ●児童福祉法・児童虐待防止法　平成29年改正に対応した改訂版。

商品番号：40647
略　　号：虐法

日本加除出版

〒171-8516　東京都豊島区南長崎3丁目16番6号
TEL（03）3953-5642　FAX（03）3953-2061（営業部）
www.kajo.co.jp